Sigrid Bode · Brigitte Dietze · Gundula Steinert

Grundkurs Häkeln

Über 100 Muster

Filet- und Spitzenhäkelei

Schritt-für-Schritt-Anleitungen

Augustus Verlag

Die deutsche Bibliothek – CIP-Einheitsaufnahme

Grundkurs Häkeln:
über 100 Muster; Filet- und Spitzenhäkelei;
Schritt-für-Schritt-Anleitungen
Sigrid Bode / Brigitte Dietze / Gundula Steinert. –
Augsburg: Augustus Verl., 1995
ISBN 3-8043-0346-3

Die Autorinnen und der Verlag danken den Firmen Online und Schachenmayr für das zur Verfügung gestellte Material

Fotografie: Klaus Lipa, Augsburg
Lektorat: Helene Weinold-Leipold
Umschlaggestaltung: Christa Manner, München
Layout: Artlizenz, Igling

Augustus Verlag Augsburg 1995

Satz: Artlizenz, Igling
Reproduktion: Repro Mayr, Donauwörth
Druck und Bindung: Appl, Wemding
Gedruckt auf 120 g umweltfreundlich
elementar chlorfrei gebleichtem Papier.
ISBN 3-8043-0346-3
Printed in Germany

Inhalt

Vorwort

Häkeln – in letzter Zeit erfreut sich diese schöne Handarbeit wieder größerer Beliebtheit. Entstanden ist die Technik in Europa vermutlich als Alternative zu den teuren handgenähten Spitzen im 16. Jahrhundert.

Bis heute hat das Häkeln immer wieder eine Renaissance erlebt. Zur Zeit tragen gerade ganz junge Leute gehäkelte Kleidung und auch im Wohnbereich findet man liebevoll gefertigte Häkelarbeiten.

Mit dem vorliegenden Band wollen wir vor allem diejenigen erreichen, die mit dem Häkeln noch nicht oder nur wenig vertraut sind. Deshalb stellen wir alle Techniken vor, die mit einem »Haken« angefertigt werden, also Grundmuster wie Noppen-, Muschel-, Relief- und Netzmuster, das Häkelfilet, Spitzen und Borten, Einzelmotive, aber auch Techniken wie Brügger Häkelei, Tunesisches Häkeln, Gipüre, Schlingenhäkelei und das Gabeln werden vorgestellt. Ein größeres Musterangebot in diesen Spezialtechniken hätte jedoch den Rahmen des Buches gesprengt.

So beschränken wir uns mit den Mustervorschlägen auf die genannten Grundmuster und geben auch den einen oder anderen Vorschlag zur Anwendung.

Wir wollen Sie damit anregen, wieder einmal dieser schönen Handarbeit nachzugehen und selbst kreativ zu werden. Überzeugen Sie sich, wie modern zum Beispiel Topflappen aussehen können und wie gut ein selbstgehäkeltes Deckchen als Geschenk bei Ihren Freunden ankommt.

Vielleicht kombinieren Sie auch verschiedene Muster miteinander, etwa ein Netzmuster mit Einzelmotiven, und häkeln sich eine ganz modische Weste. Die abgebildeten Beispiele sollen Sie auf Ideen bringen.

Nicht zuletzt wird dieses Buch auch in den Schulen und in Handarbeitskreisen Verwendung finden, zumal die vielen Schemazeichnungen das Erlernen leichter machen.

Nun bleibt uns nur noch, Ihnen viel Freude an diesem Buch zu wünschen – und viel Spaß und Kreativität mit der »neuen« alten Handarbeit!

Material: Garn und Nadeln

Die richtige Wahl der Häkelnadel und der Garnart sind für das gute Gelingen der Häkelarbeit von großer Bedeutung. Häkelnadeln aus Metall gleiten besonders gut durch das Garn. Die Nadeln gibt es in verschiedenen Stärken. Die Nadelstärke richtet sich nach der Art des Garnes, das man verwenden möchte. Dünne Häkelnadeln und feines Garn verwendet man für Taschentuchspitzen oder feine Wäschekanten. Mit stärkeren Nadeln stellt man Modelle aus dickerem Baumwollgarn oder Wolle her. Außerdem richtet sich die Nadelstärke danach, ob man selbst fest oder locker häkelt. Das stellt man an einem kleinen Probestück schnell fest.
Extrem lange Nadeln oder Nadeln mit Kunststoffkabel als Verlängerung (ähnlich wie bei Rundstricknadeln) braucht man für die tunesische Häkelei, die Metallgabeln zusätzlich für die Gabelhäkelei und Stäbe (siehe Seite 107) für die Schlingenhäkelei.

Beginn der Häkelarbeit

Das Foto zeigt, wie man beim Arbeiten das Häkelstück mit der linken Hand hält, die Nadel mit der rechten Hand führt und den Arbeitsfaden um die Finger der linken Hand wickelt. Man nimmt zuerst das Fadenende zwischen Daumen und Zeigefinger der rechten Hand, führt den Faden zwischen kleinem Finger und Ringfinger der linken Hand von außen nach innen, dann über Mittel- und Zeigefinger wieder nach außen und wickelt ihn dann zweimal um den Zeigefinger. Mit Mittelfinger und Daumen der linken Hand wird der Faden festgehalten. Die Häkelnadel nimmt man in die rechte Hand. Sie wird mit Daumen, Zeige- und Mittelfinger gehalten.

Die Anfangsschlinge

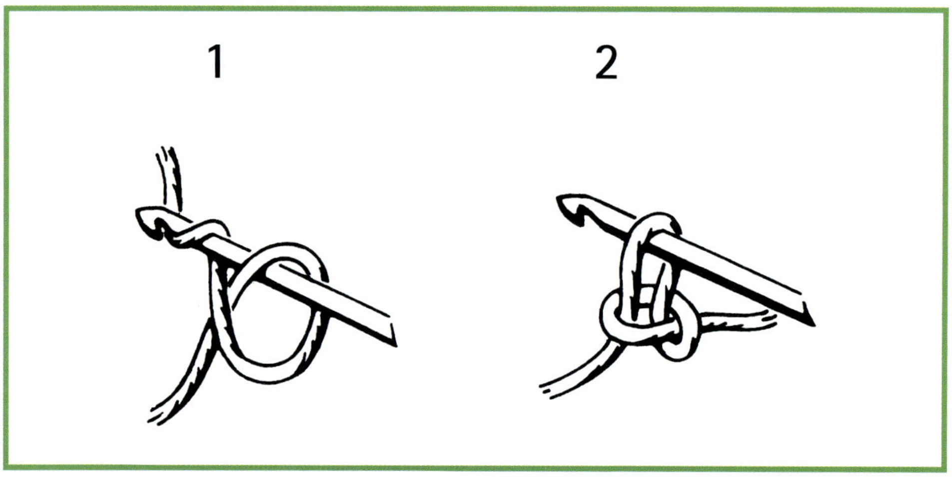

Für die Anfangsschlinge wird das Fadenende von unten nach oben über den linken Daumen gelegt, dann wird die Häkelnadel von links nach rechts durch die entstandene Fadenschlinge gesteckt. Dabei gleitet die Schlinge vom Daumen. Den vom Zeigefinger kommenden Faden faßt man mit der Nadel (Zeichnung 1), zieht ihn durch die Schlinge (Zeichnung 2) und zieht sie fest an.

Grund-Maschenarten

Luftmasche

Man holt durch die auf der Nadel befindliche Anfangsschlinge und jede weitere entstandene Schlinge den um die Häkelnadel geschlungenen Arbeitsfaden.

Kettenmasche

Man führt die Häkelnadel durch die Anschlag-Luft-M oder durch ein M-Glied der vorangegangenen R, schlingt den Arbeitsfaden um die Häkelnadel und zieht ihn gleichzeitig durch das M-Glied und die Schlinge auf der Nadel.

Feste Masche

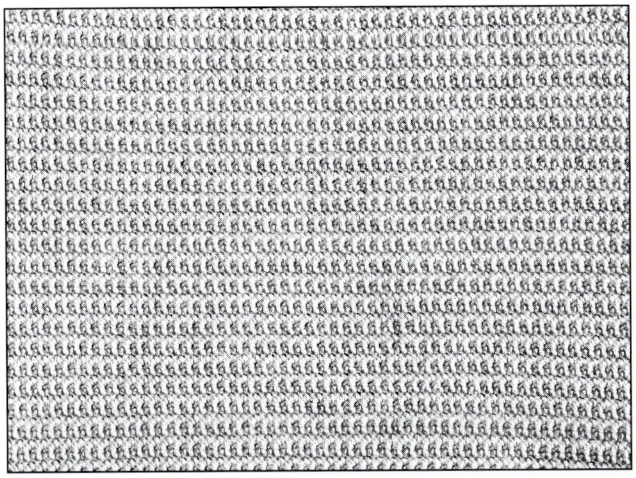

Man führt die Häkelnadel durch die Anschlag-Luft-M oder durch ein M-Glied der vorangegangenen R, schlingt den Arbeitsfaden um die Häkelnadel und zieht ihn durch das M-Glied, schlägt den Faden wieder um die Nadel und zieht ihn durch beide auf der Nadel befindlichen Schlingen.

Halbes Stäbchen

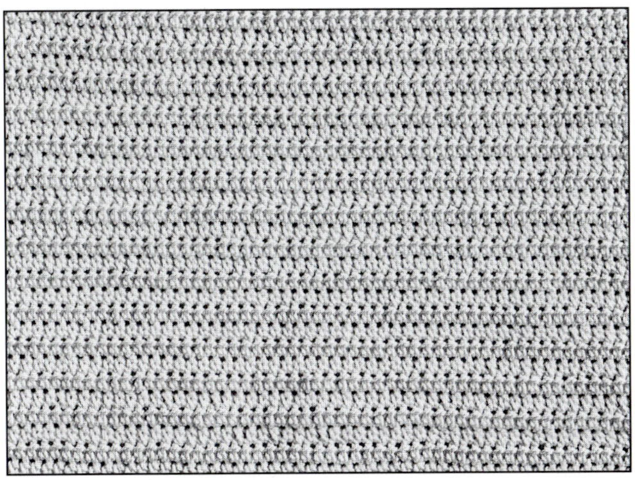

Man schlingt zuerst den Faden um die Nadel, sticht dann in die Anschlag-Luft-M bzw. das M-Glied ein und zieht den Faden durch. Dann schlingt man den Faden wieder um die Nadel und mascht alle 3 auf der Nadel befindlichen M-Glieder ab.

Alle Abkürzungen sind auf Seite 9 erklärt.

Grund-Maschenarten

Stäbchen

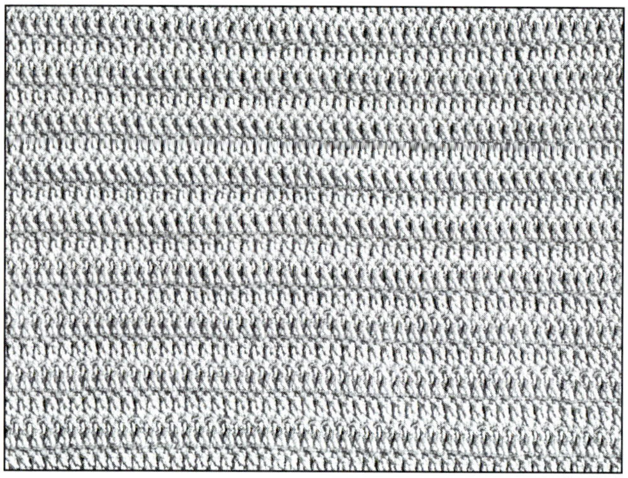

Man schlingt den Faden um die Nadel, sticht dann in die Anschlag-Luft-M bzw. das M-Glied ein und zieht den Faden durch. Dann schlingt man den Faden wieder um die Nadel und zieht ihn durch die ersten 2 Schlingen, bildet noch 1 U um die Nadel und mascht das 2. Schlingenpaar ab.

Doppelstäbchen

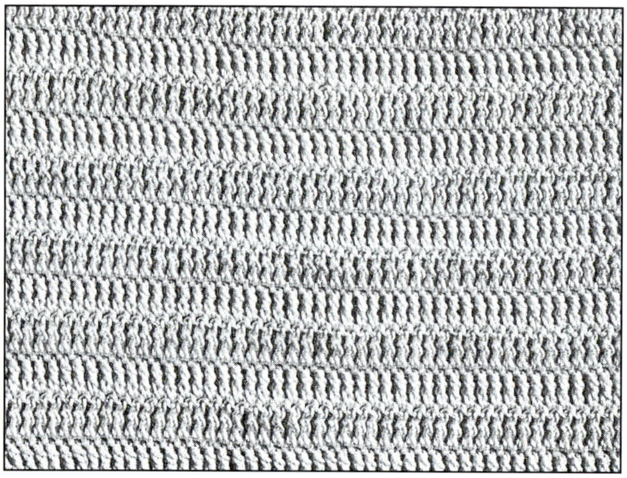

Man schlingt den Faden 2x um die Nadel, sticht dann in die Anschlag-Luft-M bzw. das M-Glied ein und zieht den Faden durch. Dann mascht man 3 mal 2 auf der Nadel befindliche Schlingen mit je 1 neuen U ab.
Für jedes höhere Stäbchen (z.B. Dreifachstäbchen, Vierfachstäbchen usw.) wird am Anfang 1 U mehr um die Häkelnadel gebildet und wie beim Doppelstäbchen alle auf der Nadel befindlichen Schlingen mit je einem neuen U paarweise abgemascht.

Die Luft-M bilden jeweils den Anfang einer Häkelarbeit. Man braucht sie zum Wenden am Anfang der R oder für Netzmuster oder Filetmuster.
Die Ketten-M wird kaum allein angewendet. Man braucht sie für den Rundenschluß oder zum »Klettern«, wenn man den Reihen- oder Rundenübergang verlegen will.
Die festen M, halben Stäbchen, Stäbchen und Doppelstäbchen werden als Maschenbild auf den Fotos auf Seite 7 und 8 gezeigt. Aus den Kombinationen dieser Grund-Maschenarten ergibt sich die Mustervielfalt der folgenden Seiten.

Abkürzungen

A	= Anfang
M	= Masche(n)
MA	= Maschenanschlag
R	= Reihe(n)
Hin-R	= Hinreihe(n)
Rück-R	= Rückreihe(n)
Rd	= Runde(n)
U	= Umschlag (Umschläge)
abw.	= abwechselnd (abw. bei Musterbeschreibungen bedeutet, daß der beschriebene Mustersatz von der ersten bis zur letzten Masche fortlaufend zu wiederholen ist)

Maschenprobe

Bevor man ein größeres Häkelstück herstellt, sollte man eine reichlich 10x10 cm große Maschenprobe häkeln. So findet man die richtige Nadelstärke heraus und kann die Maschen und Reihen berechnen. Dafür zählt man die Maschen und Reihen je 10 cm in Breite und Höhe. Dann kann man für jede beliebige Größe des fertigen Häkelstückes die benötigten Maschen und Reihen ausrechnen.

Fertigstellen

Nachdem die Häkelarbeit fertig ist, spannt man sie mit der Arbeitsrückseite nach oben auf eine Bügelunterlage auf. Dabei werden die Ränder dicht mit Stecknadeln festgesteckt und gebogene oder gezackte Ränder schön in Form gezogen. Dann legt man ein feuchtes Tuch darüber und dämpft mit dem Bügeleisen. Den gleichen Effekt erzielt man, wenn mit dem Dampfbügeleisen durch ein trockenes Tuch gebügelt wird. Bei Decken oder Spitzen ist es je nach Verwendungszweck ratsam, diese mit Sprühstärke zu behandeln, damit sie in Form bleiben.

Lesen von Häkelschemas

Die Schemas von unten nach oben lesen. Die Reihen abw. einmal von rechts nach links und einmal von links nach rechts, die Runden stets von rechts nach links ablesen.

Den Mustersatz innerhalb der Pfeile fortlaufend wiederholen. Die Maschen außerhalb der Pfeile nur am Anfang und Ende der Reihen häkeln.

Allgemeine Zeichenerklärung

1 Luft-M

1 Ketten-M

1 feste M

1 halbes Stäbchen

1 Stäbchen

1 Doppelstäbchen

1 Dreifachstäbchen

1 Noppe: Dafür abw. 1 U bilden und 1 Schlinge aus dem unteren M-Glied holen, zuerst die U und Schlingen abmaschen, dann mit einem neuen U die letzten beiden M-Glieder abmaschen

1 Noppe: Dafür abwechselnd ein U bilden und eine Schlinge holen. Dabei um die untere Masche greifend einstechen. Zuerst die U und Schlingen abmaschen, dann mit einem neuen U die letzten beiden M-Glieder abmaschen

1 Pikot: 3 Luft-M bilden, zurückgehend in die 1. Luft-M 1 feste M häkeln

1 Reliefstäbchen: Von vorn nach hinten um das untere Stäbchen greifend einstechen

1 Reliefstäbchen: Von hinten nach vorn um das untere Stäbchen greifend einstechen

1 Stäbchen: In das vordere untere M-Glied einstechen

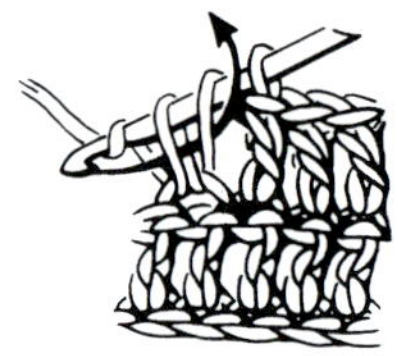

1 Stäbchen: In das hintere untere M-Glied einstechen

1 feste M: In das vordere untere M-Glied einstechen

1 feste M: In das hintere untere M-Glied einstechen

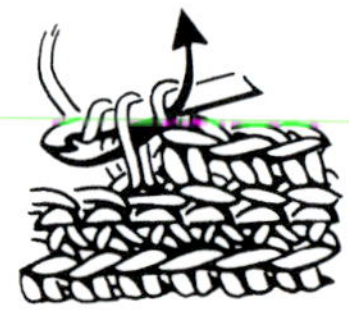

2 halbe Stäbchen in einen Einstichpunkt

Entsprechend viele Stäbchen in einen Einstichpunkt

2 bzw. 3 Stäbchen mit entsprechend vielen Luft-M dazwischen in einen Einstichpunkt

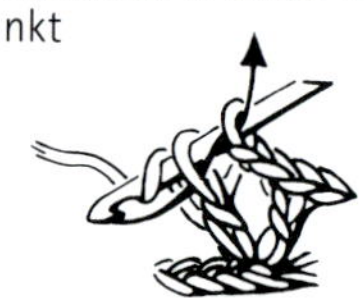

1 feste M, 2 Luft-M und 3 Stäbchen in einen Einstichpunkt

2 Stäbchen, 1 Pikot und 2 Stäbchen in einen Einstichpunkt

1 feste M, 1 Pikot und 1 feste M in einen Einstichpunkt

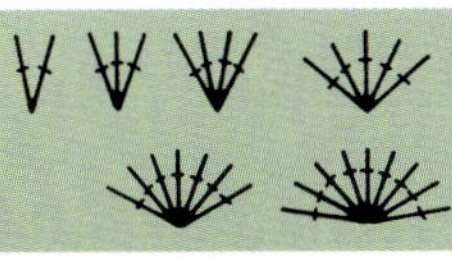

Entsprechend viele Doppelstäbchen in einen Einstichpunkt

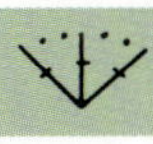

1 Doppelstäbchen, 2 Luft-M, 1 Doppelstäbchen, 2 Luft-M, 1 Doppelstäbchen in einen Einstichpunkt

3 Doppelstäbchen, 1 Luft-M und 3 Doppelstäbchen in einen Einstichpunkt

2 Dreifachstäbchen in einen Einstichpunkt

Entsprechend viele Noppen mit entsprechend vielen Luft-M dazwischen in einen Einstichpunkt

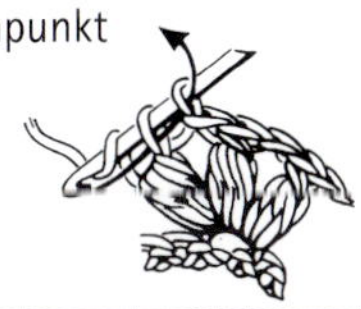

Entsprechend viele zusammen abgemaschte Stäbchen in einen Einstichpunkt

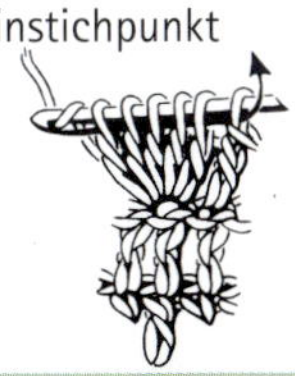

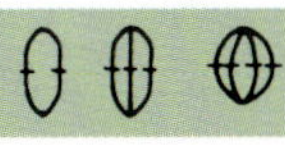

Entsprechend viele zusammen abgemaschte Doppelstäbchen in einen Einstichpunkt

Zweimal bzw. dreimal 3 zusammen abgemaschte Doppelstäbchen in einen Einstichpunkt

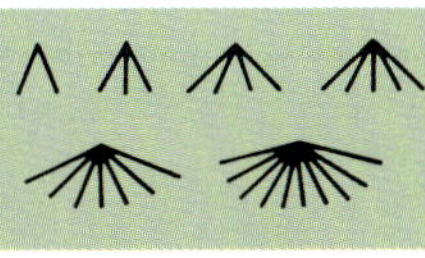

Entsprechend viele zusammen abgemaschte Stäbchen

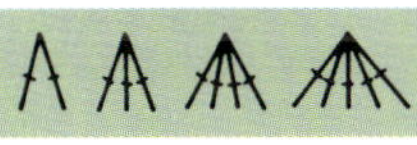

Entsprechend viele zusammen abgemaschte Doppelstäbchen

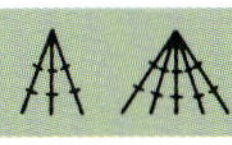

Entsprechend viele zusammen abgemaschte Dreifachstäbchen

2 zusammen abgemaschte Noppen

6 zusammen abgemaschte Doppelstäbchen in zwei Einstichpunkte

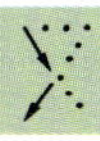

Kreuzstäbchen am Anfang der R, 3 Luft-M und 1 Stäbchen in das 3. folgende untere M-Glied, 5 Luft-M, 1 Stäbchen in das 2. Paar der zusammen abgemaschten M-Glieder

Kreuzstäbchen, 1 Doppelumschlag bilden, aus dem folgenden unteren M-Glied 1 Schlinge holen, von den 4 auf der Nadel befindlichen M Gliedern zunächst 2 M-Glieder mit 1 neuen U zusammen abmaschen, 1 U bilden, aus dem 3. folgenden unteren M-Glied 1 Schlinge holen und von den 5 auf der Nadel befindlichen M-Gliedern 4x je 2 M-Glieder mit je 1 neuen U zusammen abmaschen, 2 Luft-M, 1 Stäbchen in das 2. Paar der zusammen abgemaschten M-Glieder

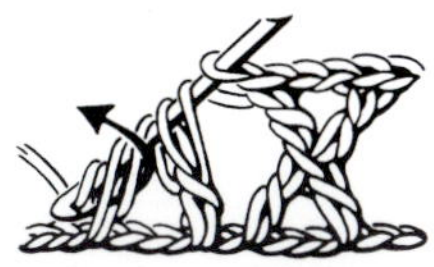

1 Doppelstäbchen, 5 Luft-M häkeln, zurückgehend in die 1. und 2. Luft-M je 1 Stäbchen häkeln

4 Luft-M, zurückgehend in die 1. Luft-M 1 Stäbchen häkeln

Topflappen

Solche »musterhaften« Topflappen aus Baumwollgarn sind nicht nur praktisch, sondern auch eine Zierde für jede Küche.

Topflappen 1

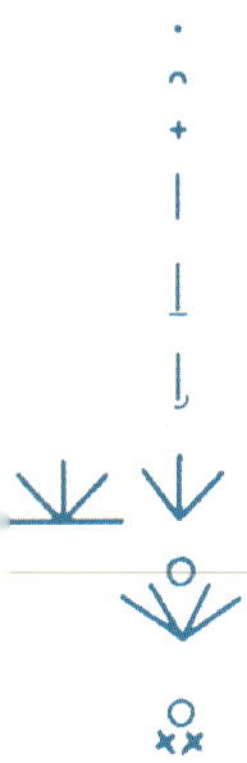

MA = 51 Luft-M. Nach dem Schema 1 häkeln. In der 1. R in die Anschlag-Luft-M, in allen folgenden R schemagemäß einstechen. Den Mustersatz innerhalb der Pfeile in Breite und Höhe wiederholen. Nach 28 R die Kante nach Schema 2 in Rd anhäkeln. In der 1. Rd jede Seite mit 40 festen M einhalten. Das Schema 2 gibt innerhalb der Pfeile jeweils einen Mustersatz, der zu wiederholen ist, eine Eckbildung und den mitgehäkelten Aufhänger mit Rundenübergang.

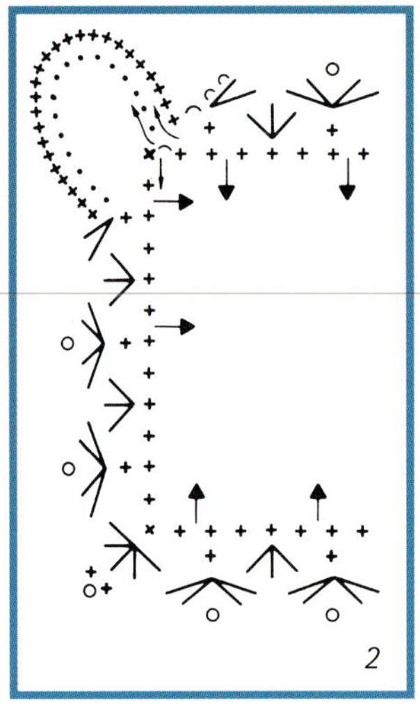

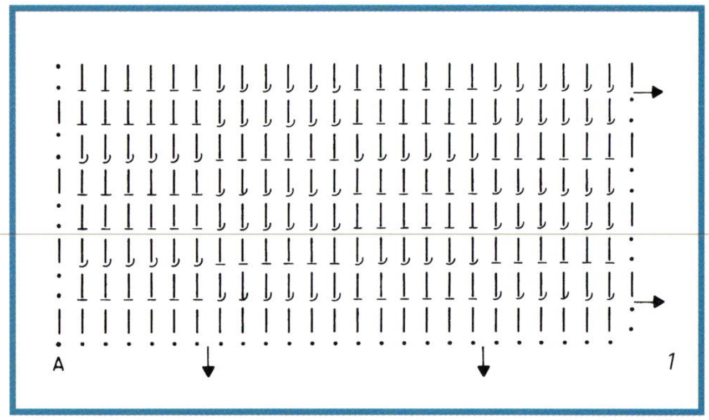

Topflappen 2

MA = 52 Luft-M. Nach dem Schema 1 häkeln. In der 1. R in die Anschlag-Luft-M, in allen folgenden R schemagemäß einstechen. Den Mustersatz innerhalb der Pfeile in Breite und Höhe wiederholen. Nach 26 R die Kante nach Schema 2 in Rd anhäkeln. In der 1. Rd jede Seite mit 40 festen M einhalten. Das Schema 2 zeigt innerhalb der Pfeile jeweils einen Mustersatz, der zu wiederholen ist, eine Eckbildung und den mitgehäkelten Aufhänger mit Rundenübergang.

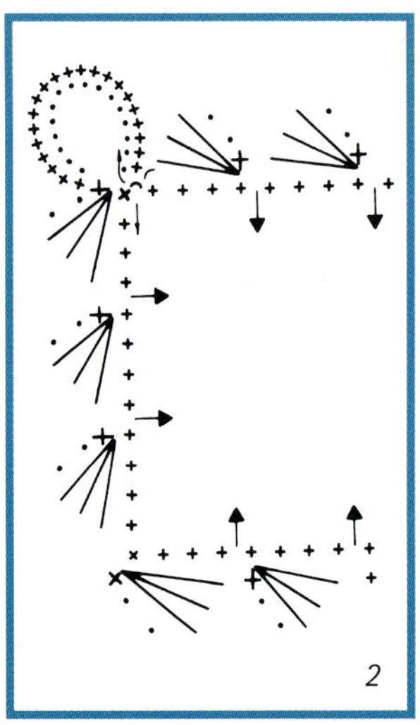

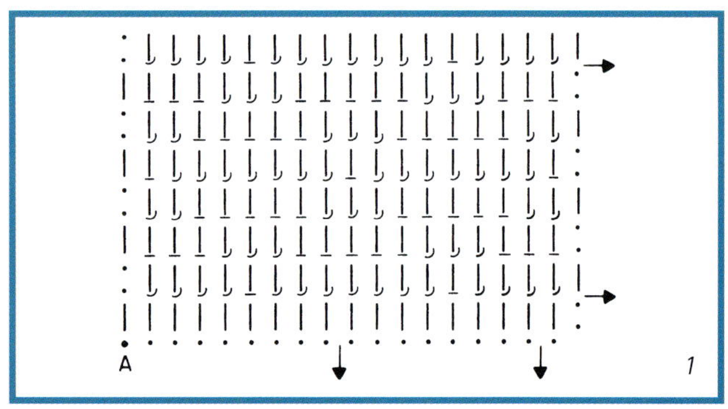

Topflappen 3

MA = 53 Luft-M. Nach dem Schema 1 häkeln. In der 1. R in die Anschlag-Luft-M, in allen folgenden R schemagemäß einstechen. Den Mustersatz innerhalb der Pfeile in Breite und Höhe wiederholen. Nach 27 R die Kante nach dem Schema 2 in Rd anhäkeln. In der 1. Rd jede Seite mit 40 festen M einhalten. Das Schema 2 zeigt innerhalb der Pfeile jeweils einen Mustersatz, der zu wiederholen ist, eine Eckbildung und den mitgehäkelten Aufhänger mit Rundenübergang. In der letzten Rd die festen M um die Luft-M greifend häkeln.

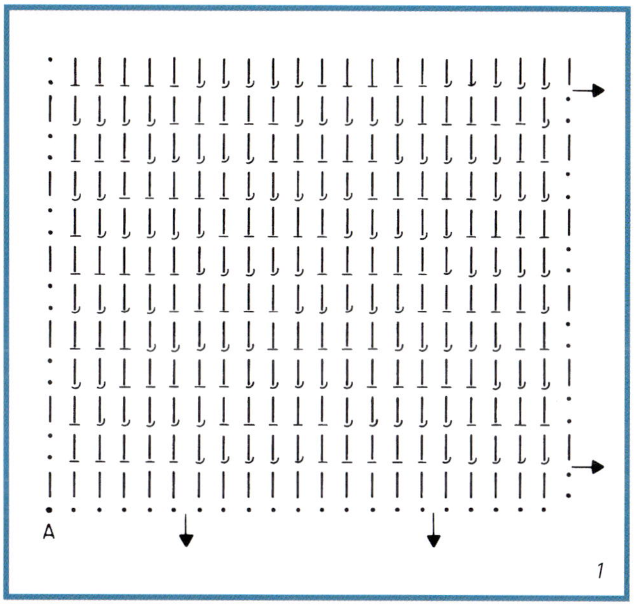

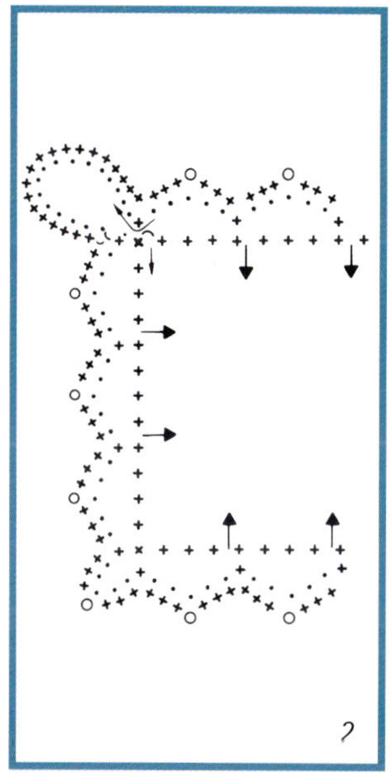

DIE BESONDERE MASCHE

Für 1 Pikot 3 Luft-M bilden und zurückgehend in die 1. Luft-M 1 feste M häkeln.

Topflappen 4

MA = 51 Luft-M. Nach dem Schema 1 häkeln. In der 1. R in die Anschlag-Luft-M, in allen folgenden R schemagemäß einstechen. Den Mustersatz innerhalb der Pfeile in Breite und Höhe wiederholen. Nach 26 R die Kante nach Schema 2 in Rd anhäkeln. In der 1. Rd jede Seite mit 40 festen M einhalten. Das Schema 2 gibt innerhalb der Pfeile jeweils einen Mustersatz, der zu wiederholen ist, eine Eckbildung und den mitgehäkelten Aufhänger mit Rundenübergang. Die festen M der letzten Rd um die Luft-M greifend häkeln.

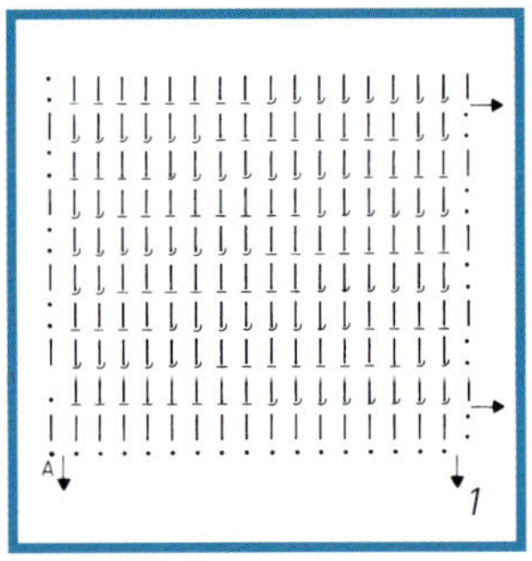

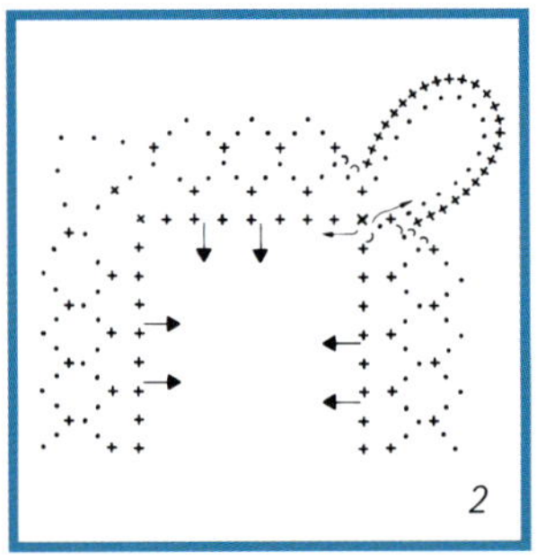

Topflappen 5

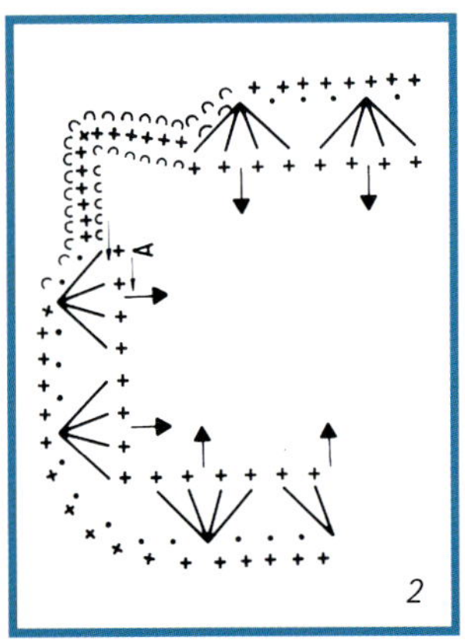

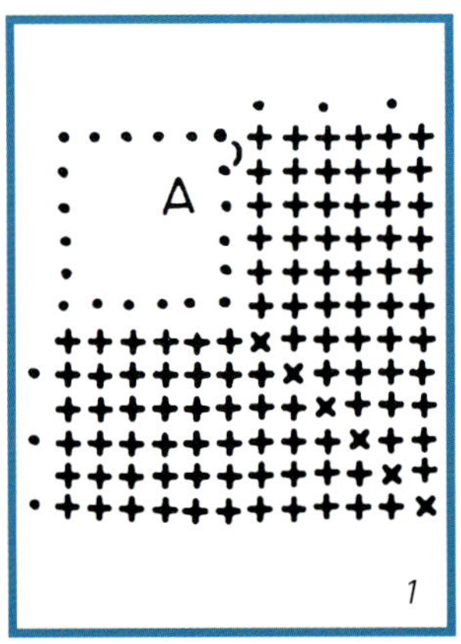

Nach Schema 1 häkeln. Bei A an einer Ecke mit 20 Luft-M beginnen, mit einer Ketten-M zur Rd schließen. Mit einer Luft-M wenden und in R weiterhäkeln. Die festen M der 1. R um den Luft-M Ring greifend häkeln. Für jede weitere R schemagemäß mit einer Luft-M wenden und die festen M von hinten nach vorn greifend um die untere feste M häkeln. Zur Eckbildung in die mittlere feste M der Vor-R 3 feste M in ein volles M-Glied häkeln. Nach 46 R die Kante nach Schema 2 in Rd anhäkeln. In der 1. Rd jede Seite mit 40 festen M einhalten und den Luft-M-Aufhänger mit Ketten-M übergehen. Das Schema 2 zeigt innerhalb der Pfeile jeweils einen Mustersatz, der zu wiederholen ist, eine Eckbildung und den mitgehäkelten Aufhänger mit Rundenübergang. In der letzten Rd die festen M um die Luft-M greifend häkeln.

Topflappen 6

Nach dem Schema häkeln. MA in der Mitte mit 8 Luft-M. Die Luft-M-Kette mit einer Ketten-M zur Rd schließen. Die Stäbchen der 1. Rd um den Luft-M-Ring greifend häkeln. In jeder weiteren Rd schemagemäß ins volle M-Glied bzw. um das untere Stäbchen greifend einstechen. Jede Rd mit einer Ketten-M schließen, mit einer weiteren Ketten-M und 2 Luft-M zur nächsten Rd klettern. In der vorletzten Rd die Luft-M, in der letzten Rd die festen M für den Aufhänger häkeln.

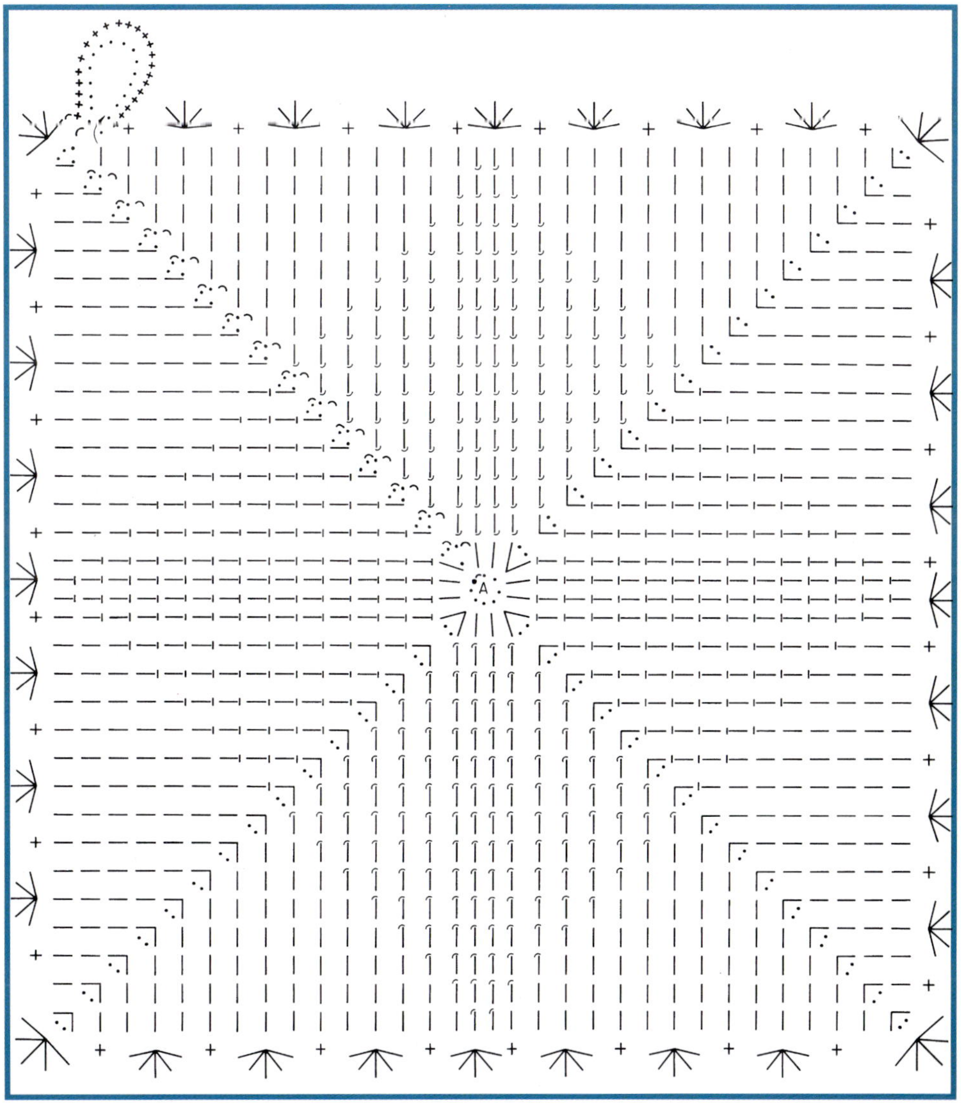

Reliefmuster

Reliefmuster 1

Bei A mit einer Luft-M-Kette beginnen. In der 1. R in die Anschlag-Luft-M, in allen folgenden R die Stäbchen ins volle M-Glied und die Reliefstäbchen schemagemäß um die unteren Reliefstäbchen greifend einstechen. In Breite und Höhe ist innerhalb der Pfeile ein Mustersatz gegeben.

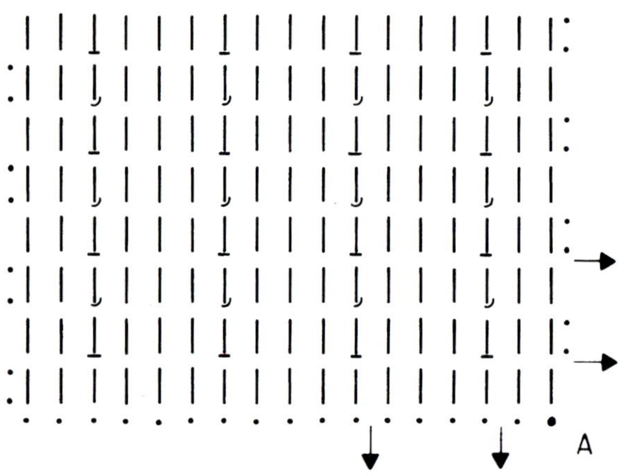

DIE BESONDERE MASCHE

Für 1 Reliefstäbchen von vorn nach hinten um das untere Stäbchen greifend einstechen

DIE BESONDERE MASCHE

Für 1 Reliefstäbchen von hinten nach vorn um das untere Stäbchen greifend einstechen

Reliefmuster 2

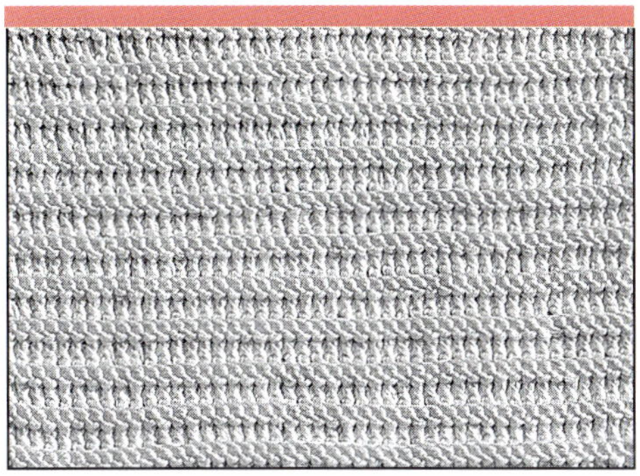

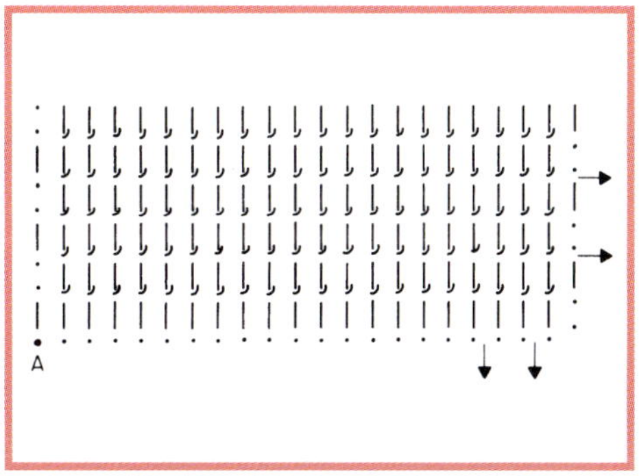

Bei A mit einer Luft-M-Kette beginnen. In der 1. R in die Anschlag-Luft-M, in allen folgenden R schemagemäß um das untere Stäbchen greifend einstechen. In Breite und Höhe ist innerhalb der Pfeile ein Mustersatz gegeben.

Reliefmuster 3

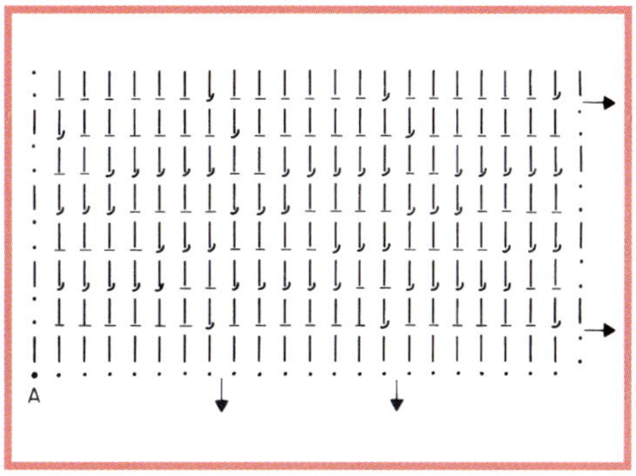

Bei A mit einer Luft-M-Kette beginnen. In der 1. R. in die Anschlag-Luft-M, in allen folgenden R schemagemäß um das untere Stäbchen greifend einstechen. In Breite und Höhe ist innerhalb der Pfeile ein Mustersatz gegeben.

Reliefmuster 4

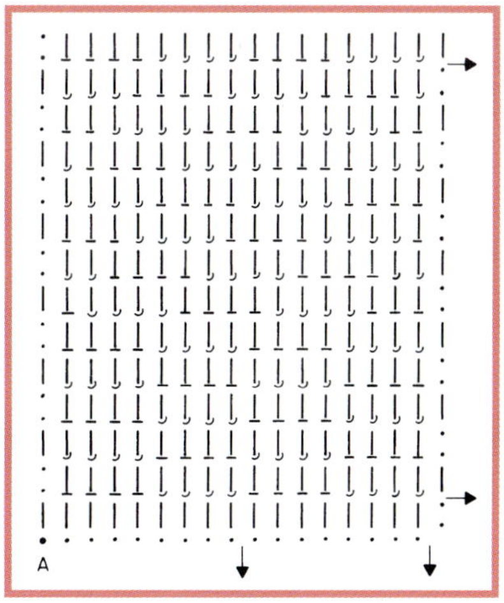

Bei A mit einer Luft-M-Kette beginnen. In der 1. R in die Anschlag-Luft-M, in allen folgenden R schemagemäß um das untere Stäbchen greifend einstechen. In Breite und Höhe ist innerhalb der Pfeile ein Mustersatz gegeben.

Reliefmuster 5

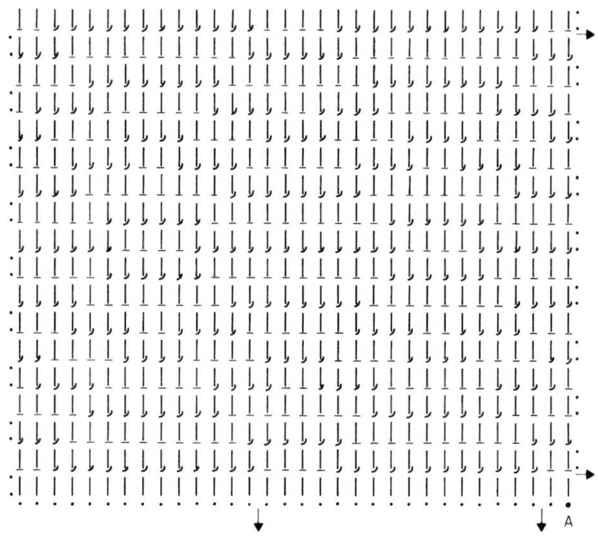

Bei A mit einer Luft-M-Kette beginnen. In der 1. R in die Anschlag-Luft-M, in allen folgenden R schemagemäß um das untere Stäbchen greifend einstechen. In Breite und Höhe ist innerhalb der Pfeile ein Mustersatz gegeben.

Reliefmuster 6

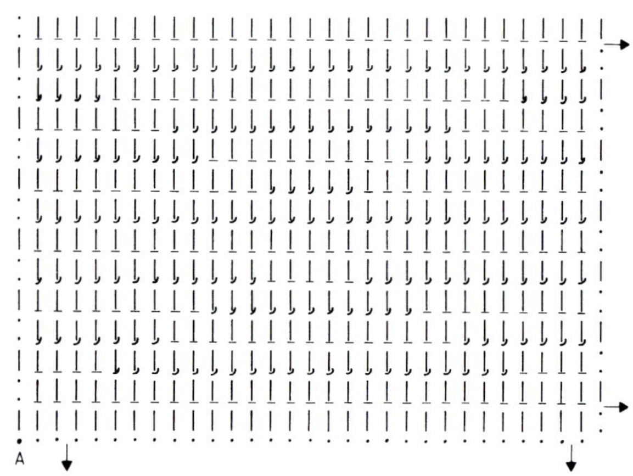

Bei A mit einer Luft-M-Kette beginnen. In der 1. R in die Anschlag-Luft-M, in allen folgenden R schemagemäß um das untere Stäbchen greifend einstechen. In Breite und Höhe ist innerhalb der Pfeile ein Mustersatz gegeben.

Muschelmuster

Muschelmuster 1

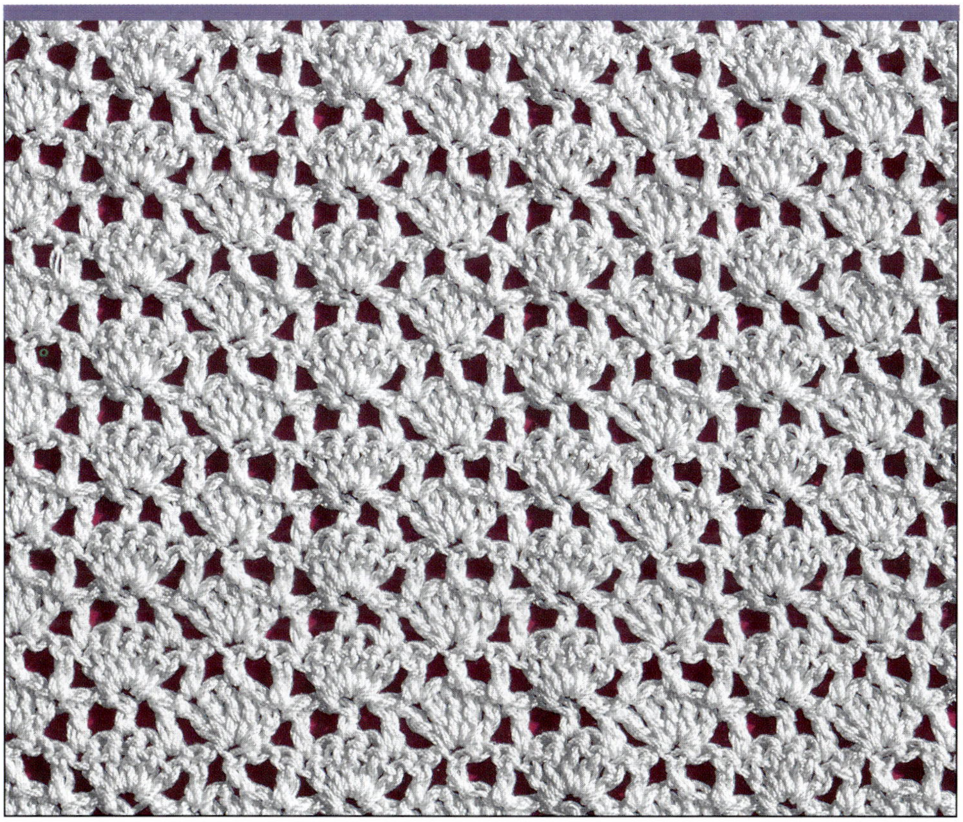

Bei A mit einer Luft-M-Kette beginnen. In der ersten R in die Anschlag-Luft-M, in allen folgenden R in die vollen M-Glieder einstechen. In Breite und Höhe ist innerhalb der Pfeile ein Mustersatz gegeben.

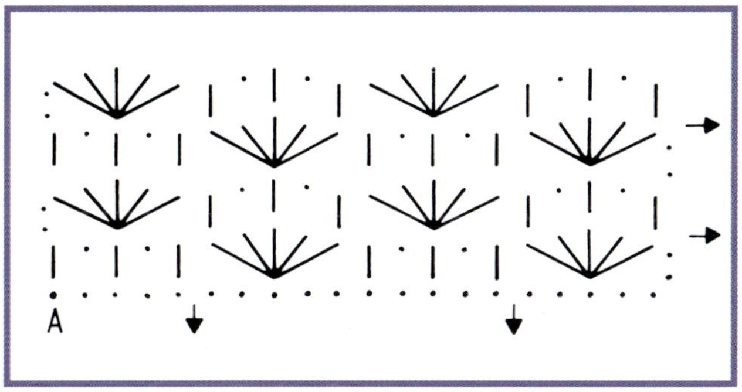

Muschelmuster 2

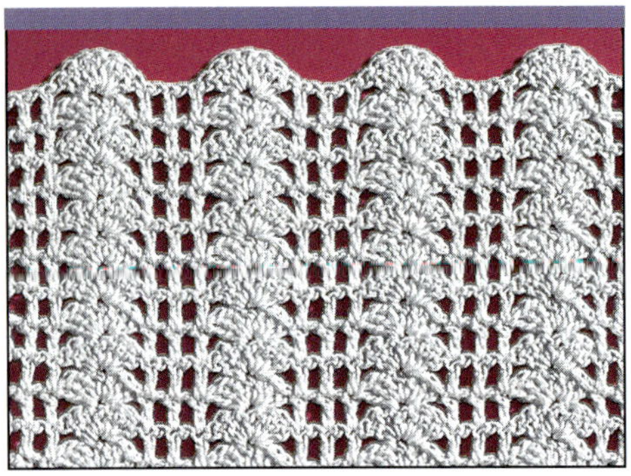

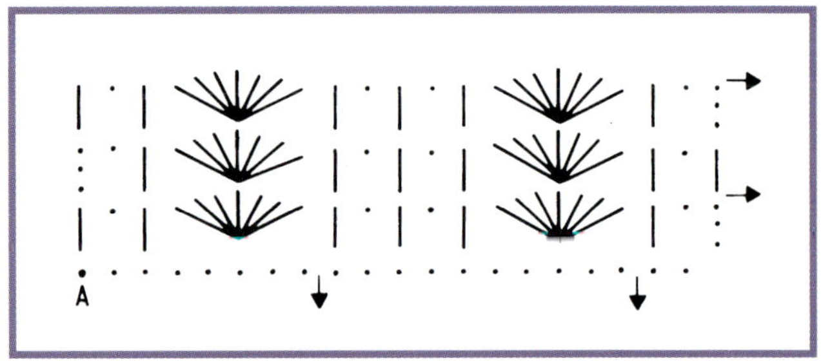

Bei A mit einer Luft-M-Kette beginnen. In der ersten R in die Anschlag-Luft-M, in allen folgenden R in die vollen M-Glieder einstechen. In Breite und Höhe ist innerhalb der Pfeile ein Mustersatz gegeben.

Muschelmuster 3

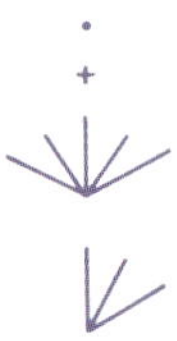

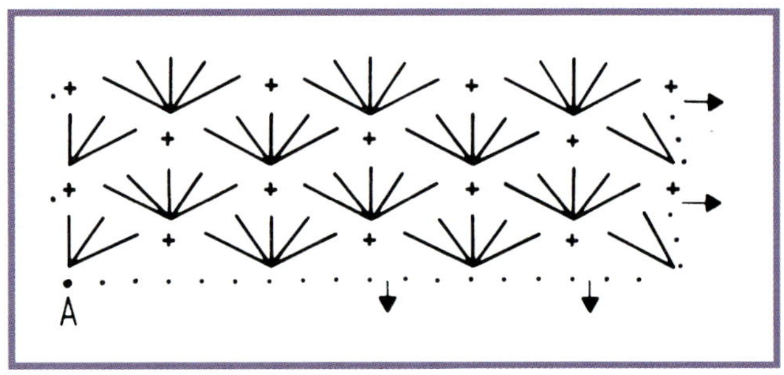

Bei A mit einer Luft-M-Kette beginnen. In der ersten R in die Anschlag-Luft-M, in allen folgenden R in die vollen M-Glieder einstechen. In Breite und Höhe ist innerhalb der Pfeile ein Mustersatz gegeben.

Muschelmuster 4

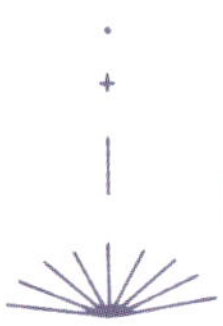

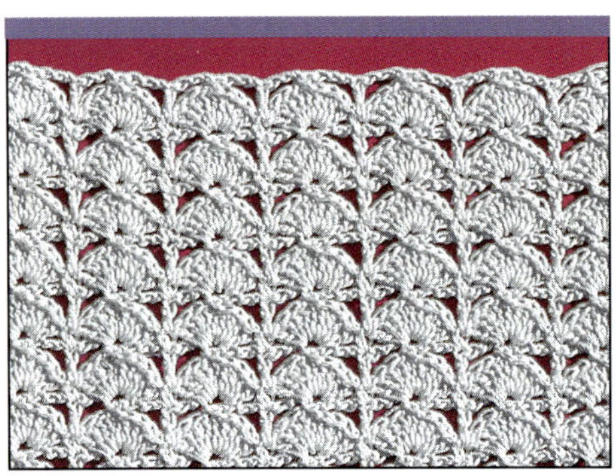

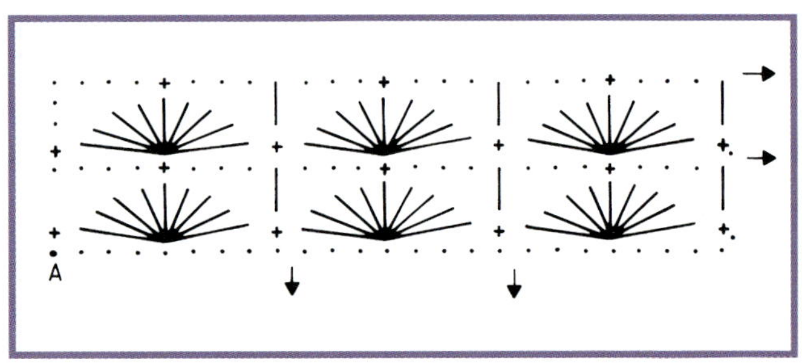

Bei A mit einer Luft-M-Kette beginnen. In der ersten R in die Anschlag-Luft-M, in allen folgenden R in die vollen M-Glieder einstechen. In Breite und Höhe ist innerhalb der Pfeile ein Mustersatz gegeben.

Muschelmuster 5

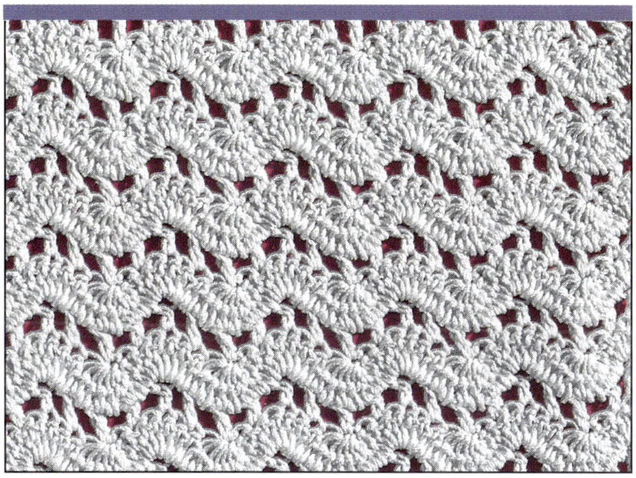

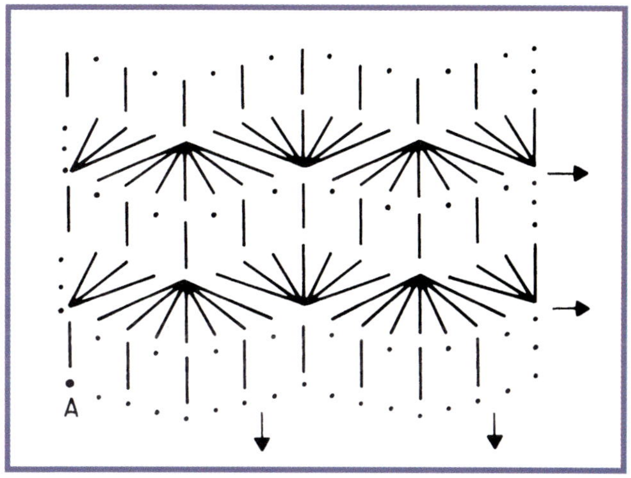

Bei A mit einer Luft-M-Kette beginnen. In der ersten R in die Anschlag-Luft-M, in den folgenden R in das volle M-Glied der unteren Stäbchen und um die unteren Luft-M greifend einstechen. In Breite und Höhe ist innerhalb der Pfeile ein Mustersatz gegeben.

Muschelmuster 6

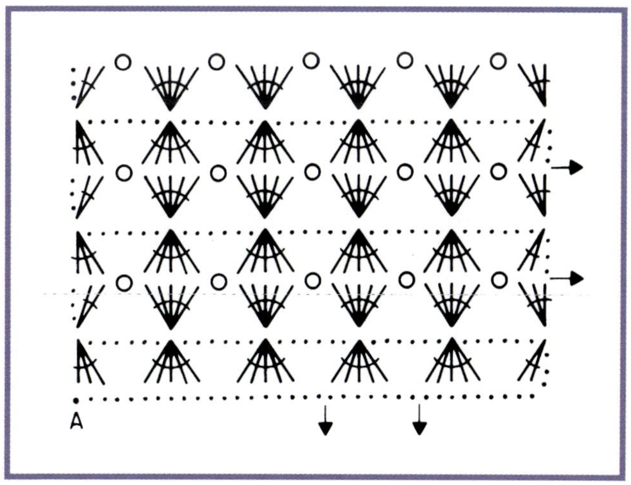

Bei A mit einer Luft-M-Kette beginnen. In der 1. R in die Anschlag-Luft-M, in allen folgenden R ins volle M-Glied einstechen. Für ein Pikot 4 Luft-M bilden und zurückgehend in die 1. Luft-M eine Ketten-M häkeln.

In Breite und Höhe ist innerhalb der Pfeile ein Mustersatz gegeben.

Muschelmuster 7

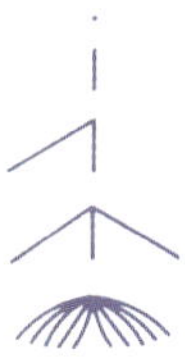

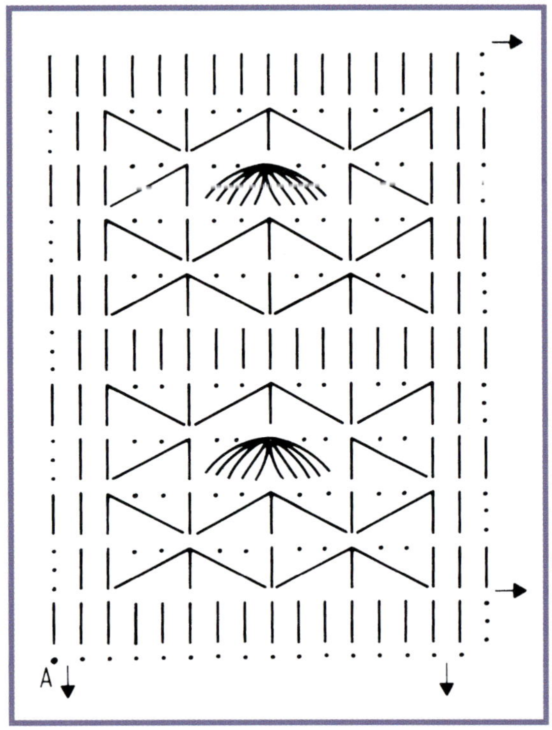

Bei A mit einer Luft-M-Kette beginnen. In der ersten R in die Anschlag-Luft-M einstechen. In den folgenden R in die vollen M-Glieder der unteren Stäbchen bzw. um die Luft-M greifend einstechen. In Breite und Höhe ist innerhalb der Pfeile ein Mustersatz gegeben.

Muschelmuster 8

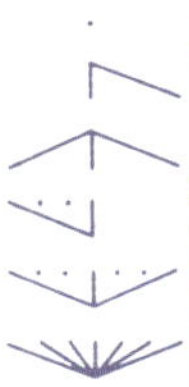

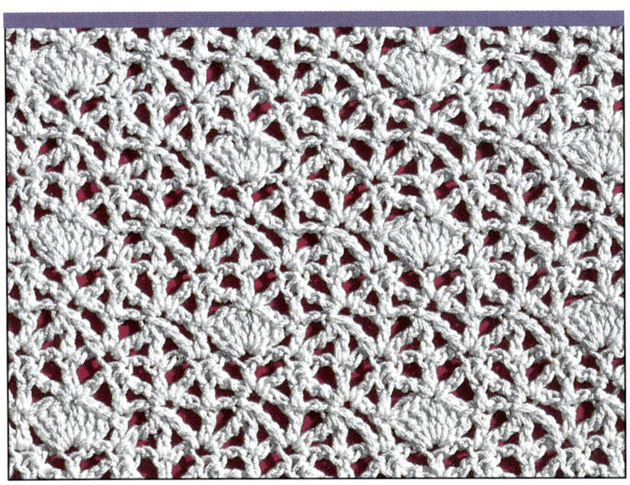

Bei A mit einer Luft-M-Kette beginnen (1. R = Rück-R). In der ersten R in die Anschlag-Luft-M, in allen folgenden R in die vollen M-Glieder einstechen. In Breite und Höhe ist innerhalb der Pfeile ein Mustersatz gegeben.

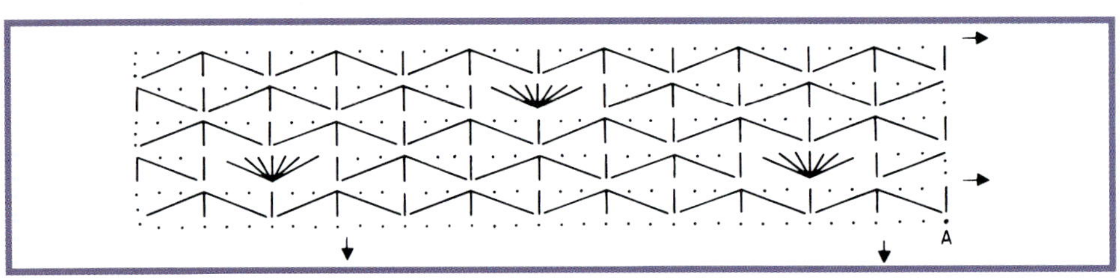

Muschelmuster 9

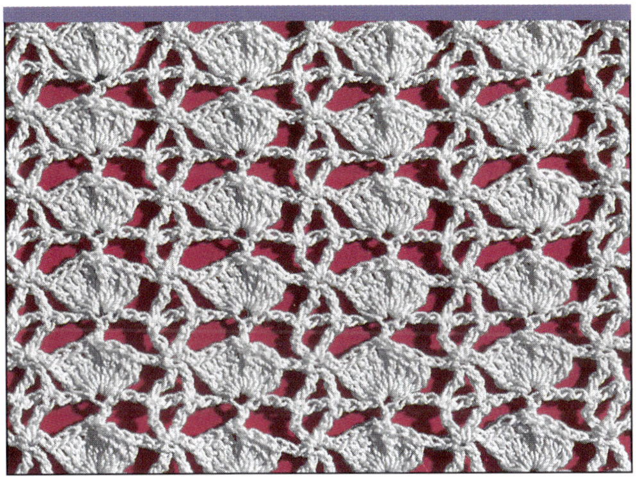

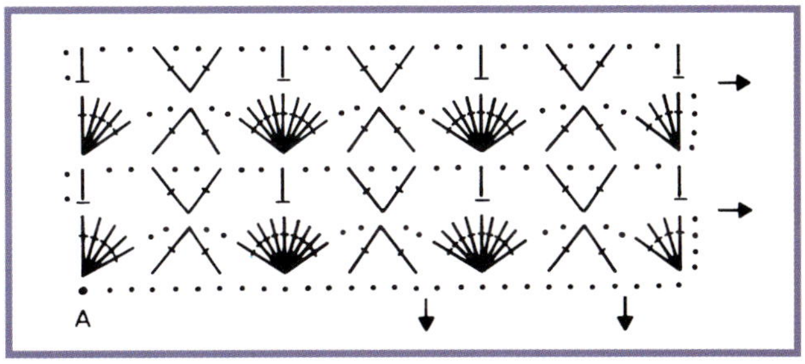

Bei A mit einer Luft-M-Kette beginnen. In der ersten R in die Anschlag-Luft-M, in den folgenden R in die vollen M-Glieder einstechen. Nur beim Häkeln der einzelnen Stäbchen von vorn nach hinten um das untere Doppelstäbchen greifend einstechen. In Breite und Höhe ist innerhalb der Pfeile ein Mustersatz gegeben.

Muschelmuster 10

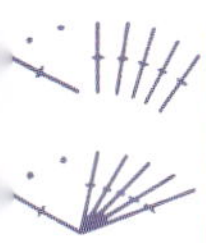

Bei A mit einer Luft-M-Kette beginnen. In der ersten R in die Anschlag-Luft-M, in allen folgenden R um die unteren Luft-M greifend einstechen. Nur am Ende jeder R das letzte Doppelstäbchen in das volle M-Glied des unteren Doppelstäbchens häkeln. In Breite und Höhe ist innerhalb der Pfeile ein Mustersatz gegeben.

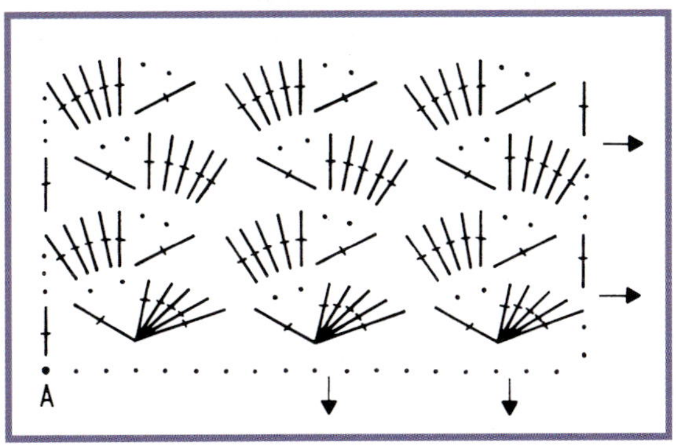

Muschelmuster 11

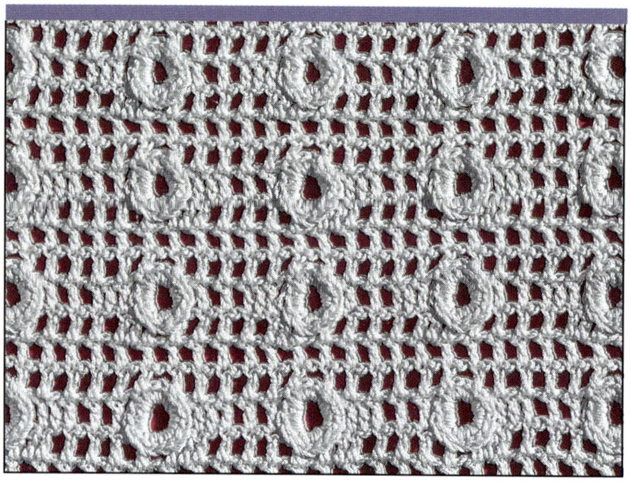

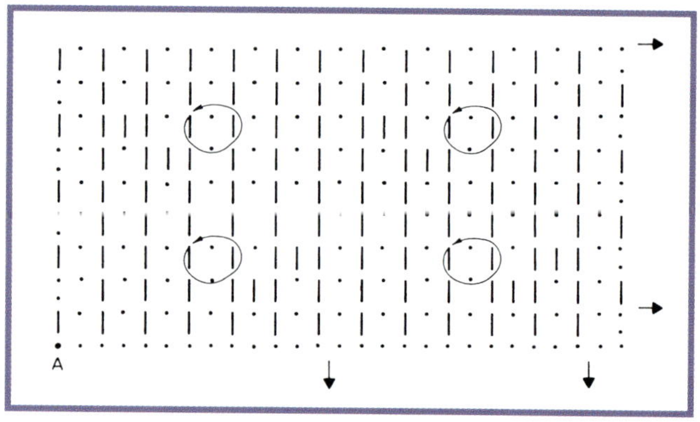

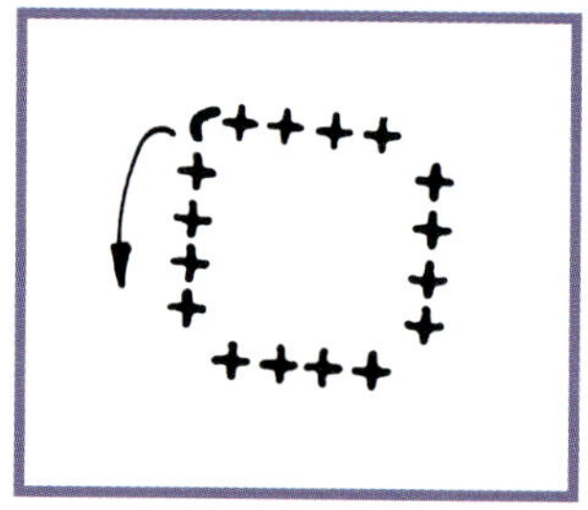

Bei A mit einer Luft-M-Kette beginnen. In der ersten R in die Anschlag-Luft-M, in allen folgenden R in die vollen M-Glieder einstechen. In der 3. und 7. R auf der rechten Musterseite die Blüten in Pfeilrichtung nach dem unteren Schema um die Stäbchen und Luft-M greifend häkeln. In Breite und Höhe ist innerhalb der Pfeile ein Mustersatz gegeben.

Muschelmuster 12

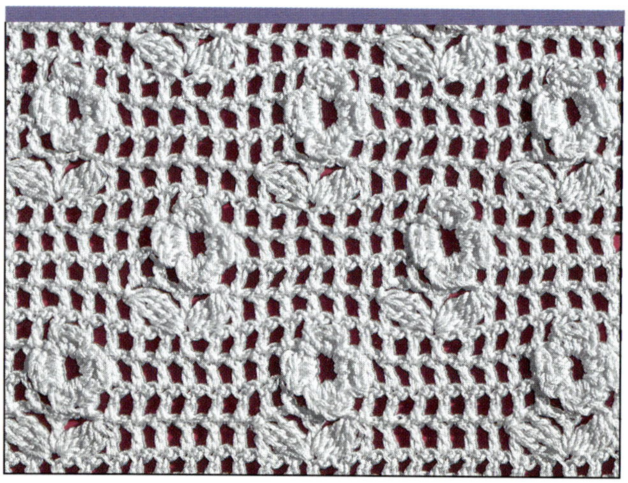

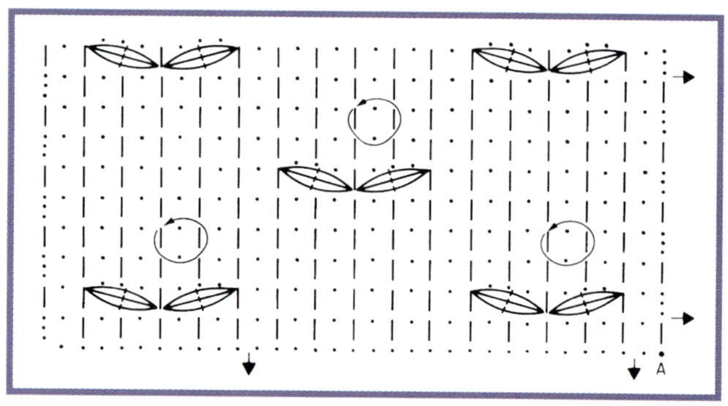

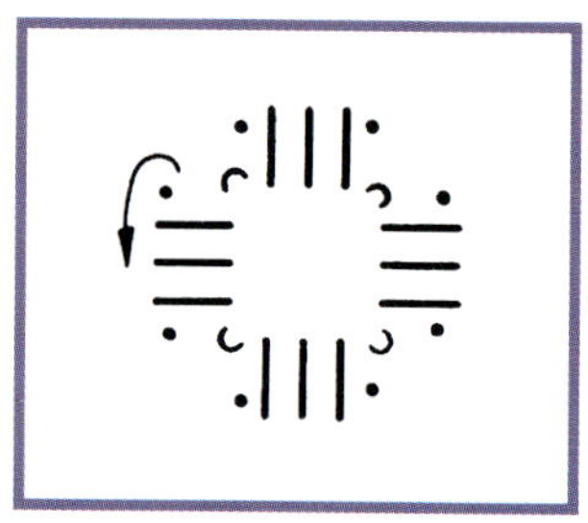

Bei A mit einer Luft-M-Kette beginnen (1. R = Rück-R). In der ersten R in die Anschlag-Luft-M, in allen folgenden R in die vollen M-Glieder einstechen. Für die Blätter schemagemäß das entsprechende Stäbchen und die 3 in einen Einstichpunkt gehäkelten Doppelstäbchen zusammen abmaschen. In der 4. und 8. R auf der rechten Musterseite die Blüte in Pfeilrichtung nach dem unteren Schema um die Stäbchen und Luft-M greifend häkeln.
In Breite und Höhe ist innerhalb der Pfeile ein Mustersatz gegeben.

Noppenmuster

Noppenmuster 1

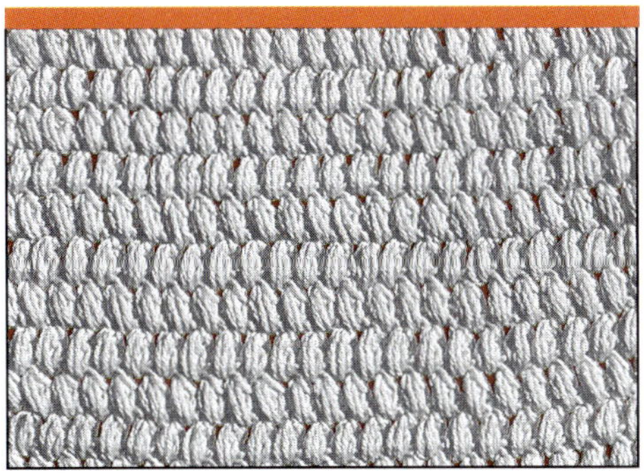

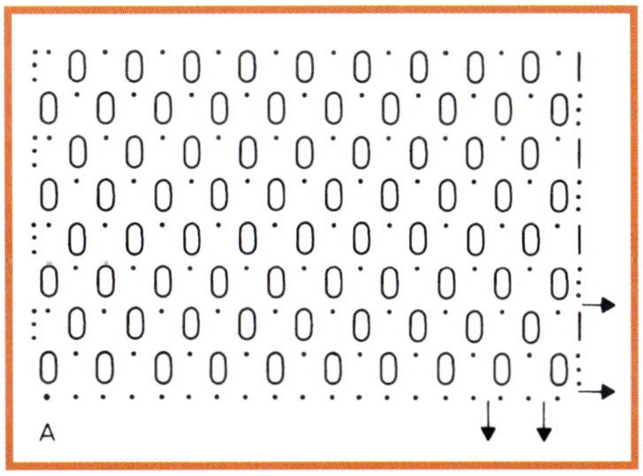

Bei A mit einer Luft-M-Kette beginnen. In der 1. R in die Anschlag-Luft-M, in allen folgenden R ins volle M-Glied einstechen. Für eine Noppe 5x abw. 1 U bilden und 1 Schlinge holen (siehe Seite 10). In Breite und Höhe ist innerhalb der Pfeile ein Mustersatz gegeben.

Noppenmuster 2

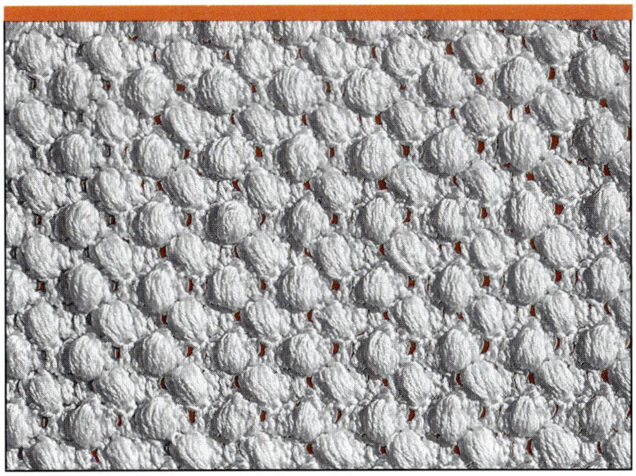

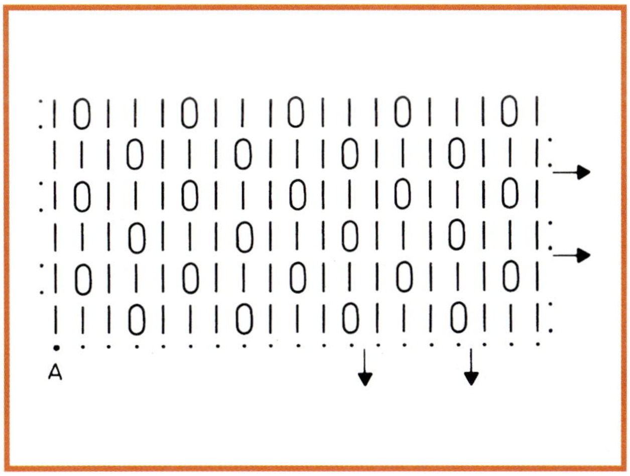

Bei A mit einer Luft-M-Kette beginnen. In der 1. R in die Anschlag-Luft-M, in allen folgenden R um die untere Luft-M greifend häkeln. Für eine Noppe 3x abw. 1 U bilden und 1 Schlinge holen. In Breite und Höhe ist innerhalb der Pfeile ein Mustersatz gegeben.

Noppenmuster 3

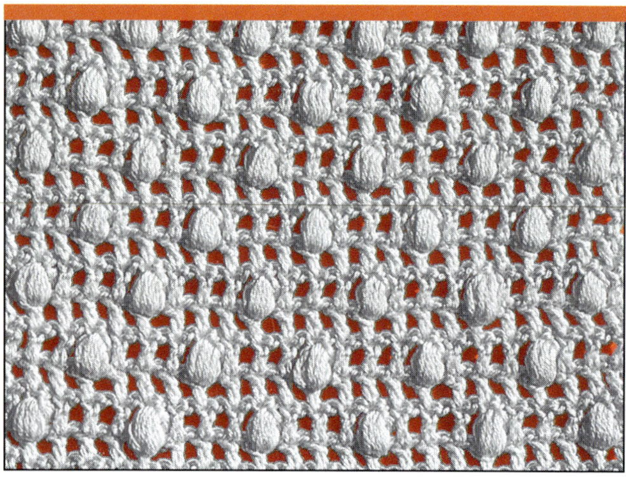

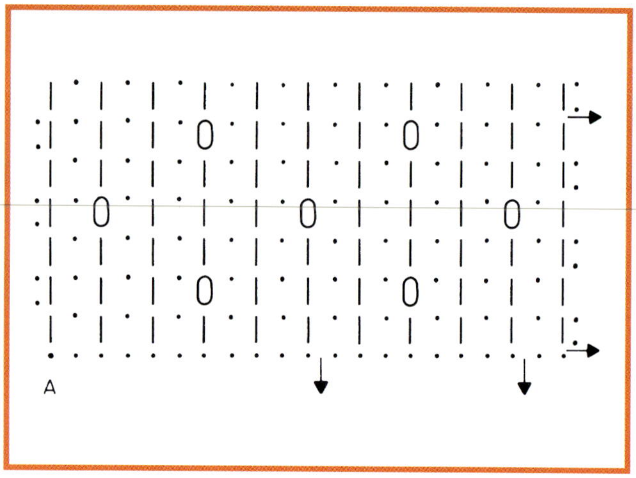

Bei A mit einer Luft-M-Kette beginnen. In der 1. R in die Anschlag-Luft-M, in allen folgenden R ins volle M-Glied einstechen. Für eine Noppe 5x abw. 1 U bilden und 1 Schlinge holen. In Breite und Höhe ist innerhalb der Pfeile ein Mustersatz gegeben.

Noppenmuster 4

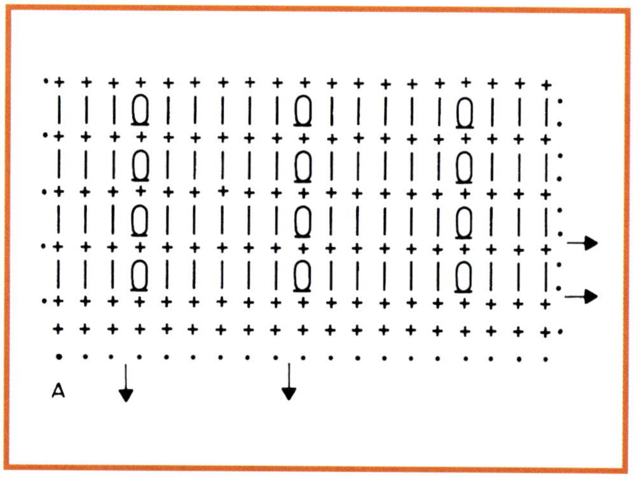

Bei A mit einer Luft-M-Kette beginnen. In der 1. R in die Anschlag-Luft-M, in allen folgenden R die festen M und die Stäbchen in volle M-Glieder, die Noppen von vorn nach hinten greifend um die untere feste M häkeln. Für eine Noppe 5x abw. 1 U bilden und 1 Schlinge holen (siehe Noppenmuster 5). In Breite und Höhe ist innerhalb der Pfeile ein Mustersatz gegeben.

Noppenmuster 5

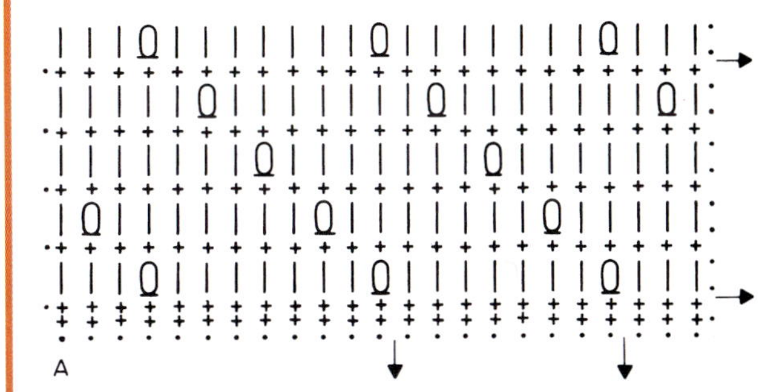

DIE BESONDERE MASCHE

Für eine Noppe 5x abw. 1 U bilden und 1 Schlinge holen.

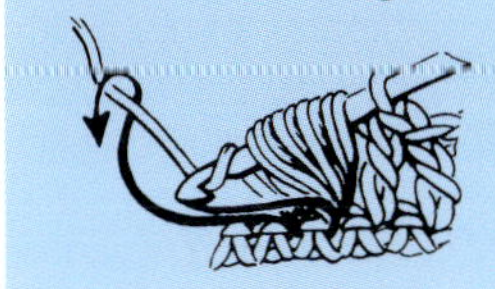

Bei A mit einer Luft-M-Kette beginnen. In der 1. R in die Anschlag-Luft-M, in allen folgenden R die festen M und die Stäbchen in volle M-Glieder, die Noppen von vorn nach hinten greifend um die untere feste M häkeln (siehe Zeichnung). Für eine Noppe 5x abw. 1 U bilden und 1 Schlinge holen. In Breite und Höhe ist innerhalb der Pfeile ein Mustersatz gegeben.

Noppenmuster 6

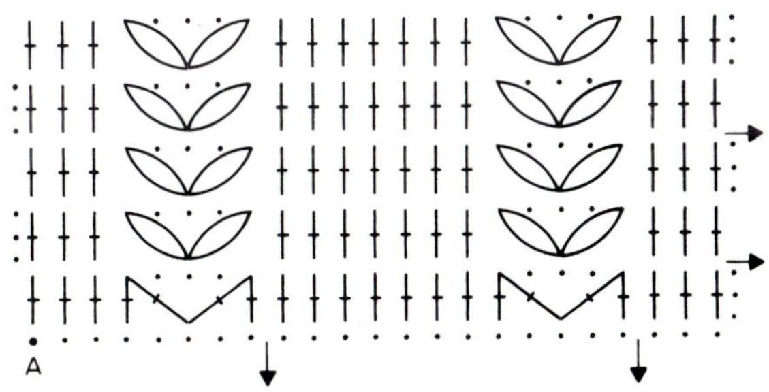

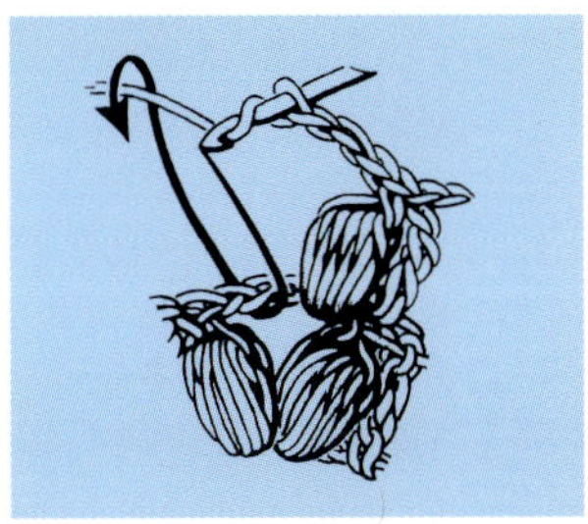

Bei A mit einer Luft-M-Kette beginnen. In der 1. R in die Anschlag-Luft-M, in allen folgenden R die Doppelstäbchen in volle M-Glieder und die Noppen um die unteren Luft-M greifend häkeln (siehe Zeichnung). Für eine Noppe 5x abw. 1 U bilden und 1 Schlinge holen.

In Breite und Höhe ist innerhalb der Pfeile ein Mustersatz gegeben

Noppenmuster 7

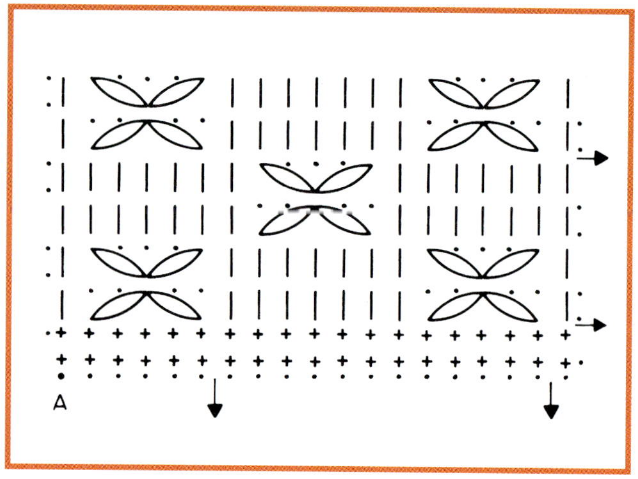

Bei A mit einer Luft-M-Kette beginnen. In der 1. R in die Anschlag-Luft-M, in allen folgenden R ins volle M-Glied einstechen. Für eine Noppe 5x abw. 1 U bilden und 1 Schlinge holen. In Breite und Höhe ist innerhalb der Pfeile ein Mustersatz gegeben.

Noppenmuster 8

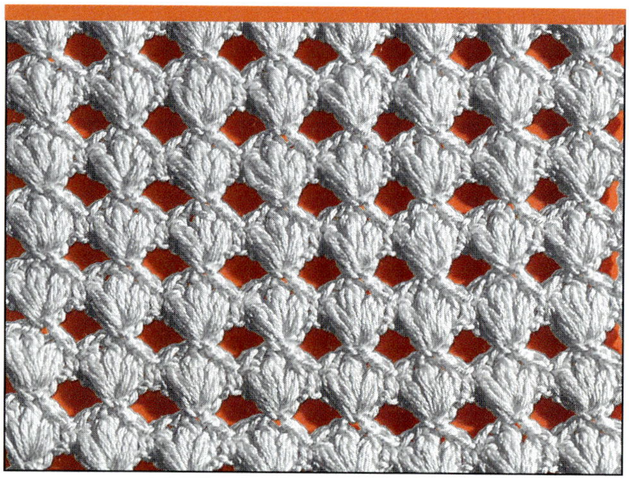

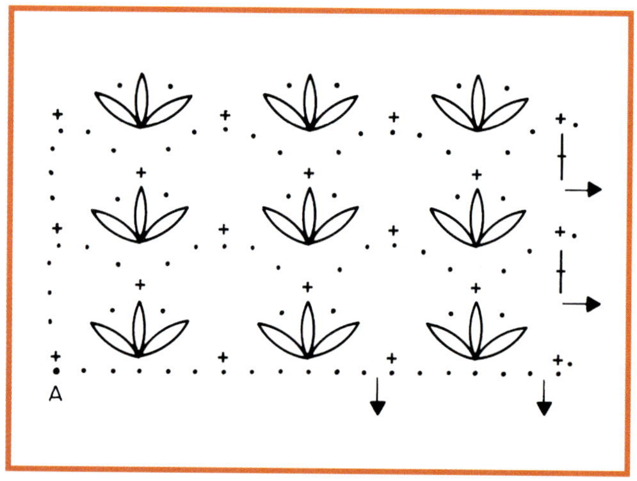

Bei A mit einer Luft-M-Kette beginnen. In der 1. R in die Anschlag-Luft-M, in allen folgenden R schemagemäß ins volle M-Glied einstechen. Für eine Noppe 3x abw. 1 U bilden und 1 Schlinge holen. In Breite und Höhe ist innerhalb der Pfeile ein Mustersatz gegeben.

Noppenmuster 9

· I 0

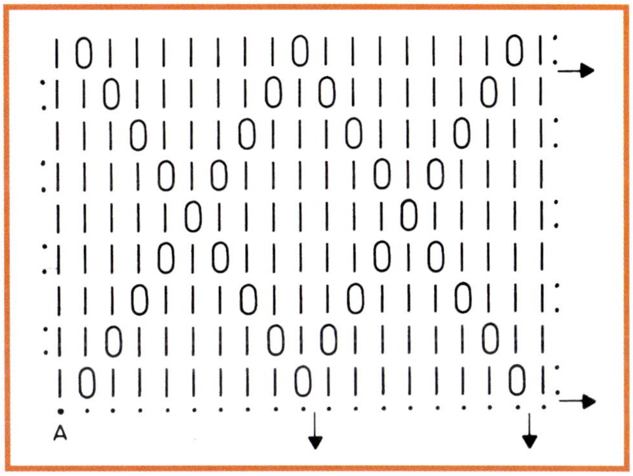

Bei A mit einer Luft-M-Kette beginnen. In der 1. R in die Anschlag-Luft-M, In allen folgenden R ins volle M-Glied einstechen. Für eine Noppe 5x abw. 1 U bilden und 1 Schlinge holen. In Breite und Höhe ist innerhalb der Pfeile ein Mustersatz gegeben.

Noppenmuster 10

· I 0

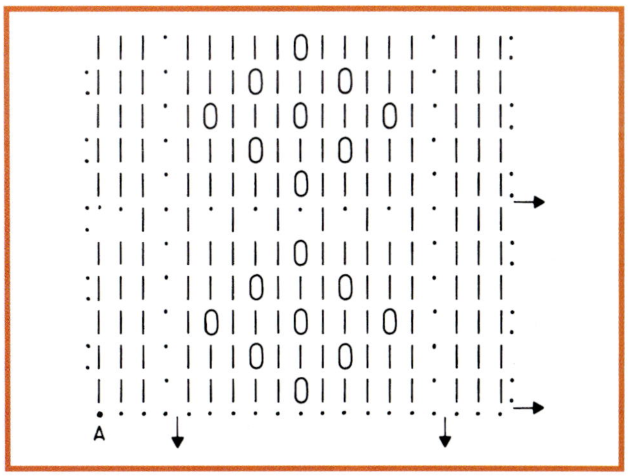

Bei A mit einer Luft-M-Kette beginnen. In der 1. R in die Anschlag-Luft-M, in allen folgenden R ins volle M-Glied einstechen. Für eine Noppe 5x abw. 1 U bilden und 1 Schlinge holen. In Breite und Höhe ist innerhalb der Pfeile ein Mustersatz gegeben.

Noppenmuster 11

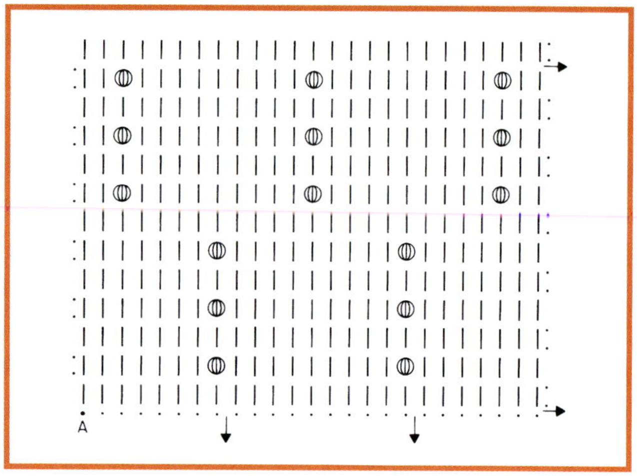

Bei A mit einer Luft-M-Kette beginnen. In der 1. R in die Anschlag-Luft-M, in allen folgenden R ins volle M-Glied einstechen. Für eine Noppe 5 zusammen abgemaschte Stäbchen in einen Einstichpunkt häkeln.

In Breite und Höhe ist innerhalb der Pfeile ein Mustersatz gegeben.

Noppenmuster 12

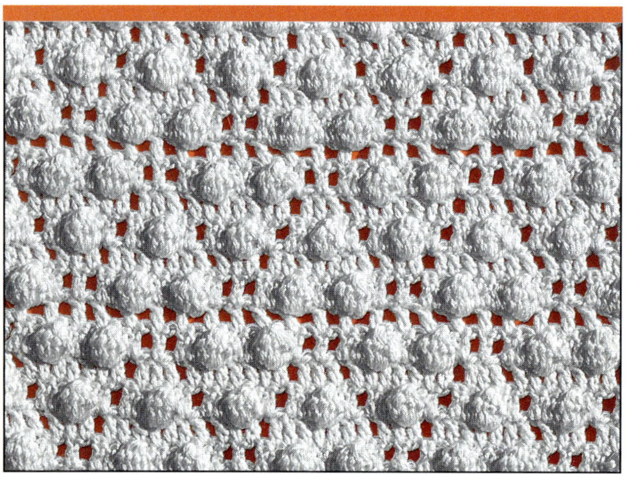

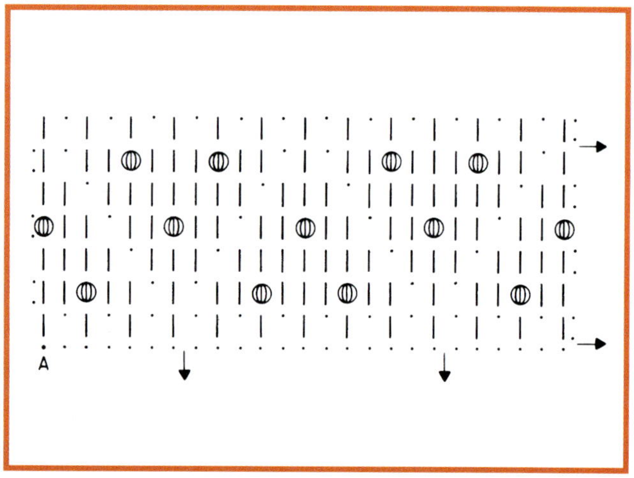

Bei A mit einer Luft-M-Kette beginnen. In der 1. R in die Anschlag-Luft-M, in allen folgenden R ins volle M-Glied einstechen. Für eine Noppe 5 zusammen abgemaschte Stäbchen in einen Einstichpunkt häkeln.

In Breite und Höhe ist innerhalb der Pfeile ein Mustersatz gegeben.

Mehrfarbige Muster

Mehrfarbige Muster 1

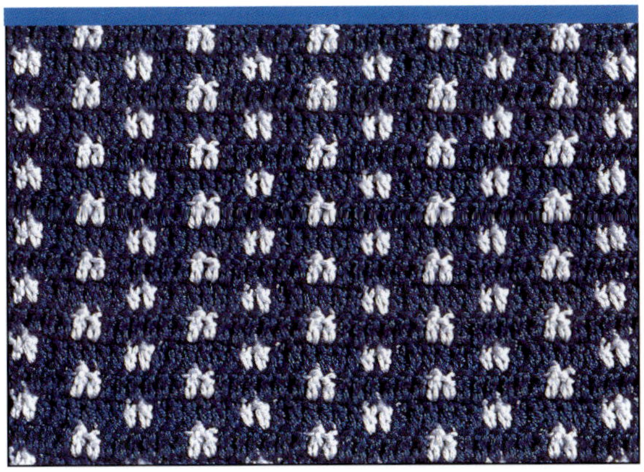

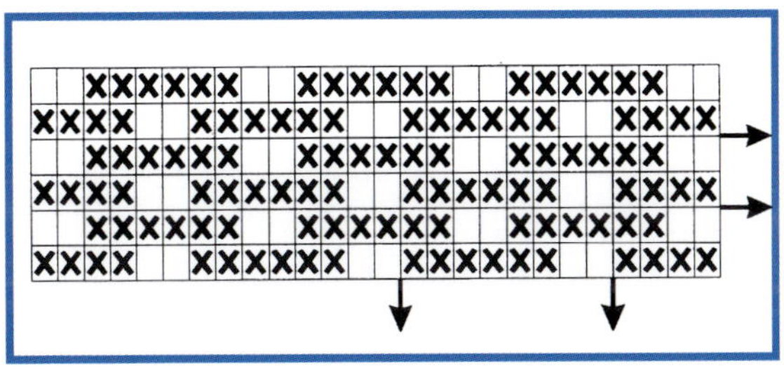

☒ 1 blaues Stäbchen

☐ 1 weißes Stäbchen

Mit einer Luft-M-Kette beginnen.
1. R: in die 3., dann in jede Anschlag-Luft-M ein Stäbchen häkeln. Mit 2 Luft-M wenden.
2. und alle folgenden R: in jedes volle M-Glied ein Stäbchen häkeln. Mit 2 Luft-M wenden. Das zweifarbige Muster mit 2 Farbfäden häkeln. Den nicht gebrauchten Faden auf der Musterrückseite lose weiterführen. Beim Farbübergang das letzte Stäbchen schon mit der neuen Farbe abmaschen. In Breite und Höhe ist innerhalb der Pfeile ein Mustersatz gegeben.

Mehrfarbige Muster 2

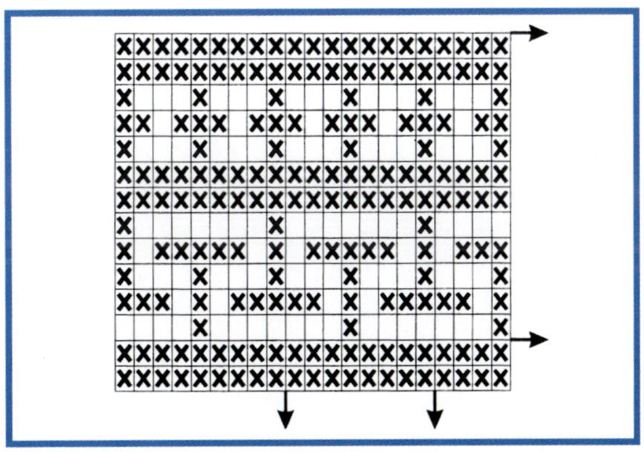

Mit einer Luft-M-Kette beginnen.
1. R: in die 3., dann in jede Anschlag-Luft-M 1 Stäbchen häkeln. Mit 2 Luft-M wenden.
2. und alle folgenden R: in jedes volle M-Glied ein Stäbchen häkeln. Mit 2 Luft-M wenden. Die zweifarbigen R mit 2 Farbfäden häkeln. Den nicht gebrauchten Faden auf der Musterrückseite lose weiterführen. Beim Farbübergang das letzte Stäbchen schon mit der neuen Farbe abmaschen. In Breite und Höhe ist innerhalb der Pfeile ein Mustersatz gegeben.

Mehrfarbige Muster 3

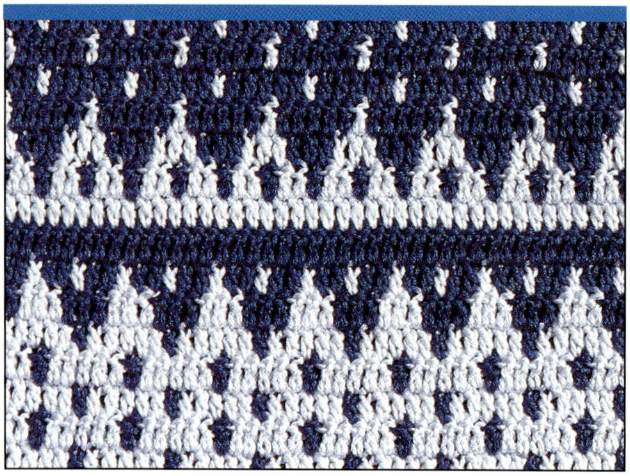

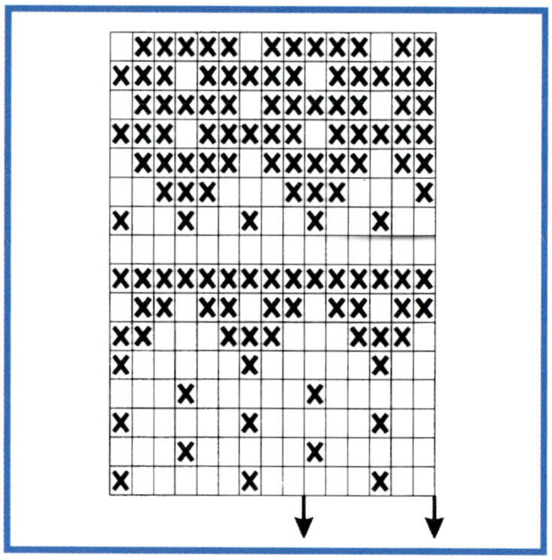

Mit einer Luft-M-Kette beginnen.
1. R: in die 3., dann in jede Anschlag-Luft-M 1 Stäbchen häkeln. Mit 2 Luft-M wenden.
2. und alle folgenden R: in jedes volle M-Glied ein Stäbchen häkeln. Mit 2 Luft-M wenden.
Die zweifarbigen R mit 2 Farbfäden häkeln. Den nicht gebrauchten Faden auf der Musterrückseite lose weiterführen. Beim Farbübergang das letzte Stäbchen schon mit der neuen Farbe abmaschen. In der Breite ist innerhalb der Pfeile ein Mustersatz gegeben.

☒ 1 blaues Stäbchen

☐ 1 weißes Stäbchen

Mehrfarbige Muster 4

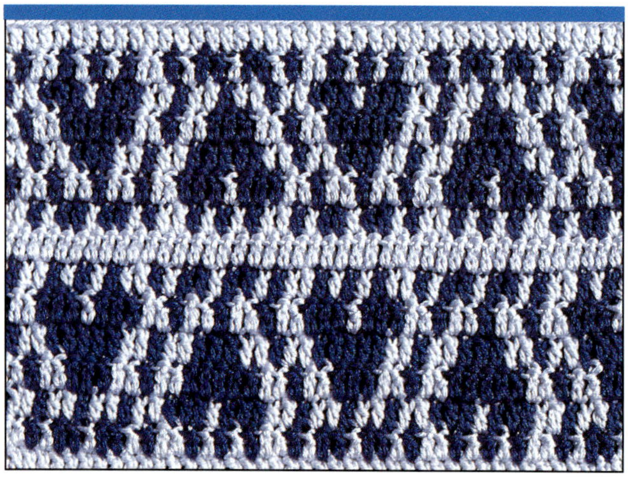

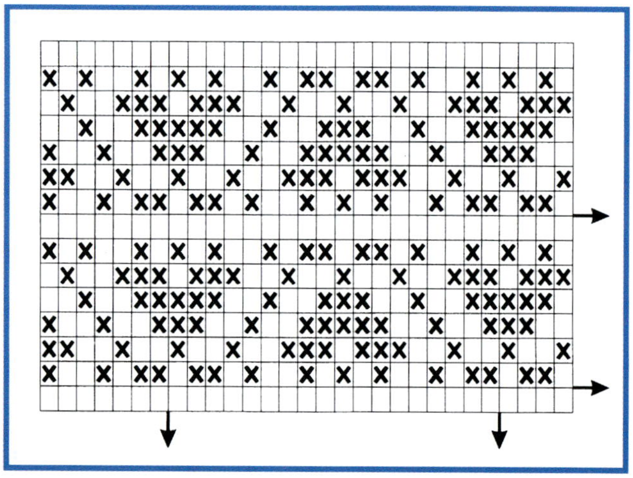

Mit einer Luft-M-Kette beginnen.
1. R: in die 3., dann in jede Anschlag-Luft-M 1 Stäbchen häkeln. Mit 2 Luft-M wenden.
2. und alle folgenden R: in jedes volle M-Glied ein Stäbchen häkeln. Mit 2 Luft-M wenden. Die zweifarbigen R mit 2 Farbfäden häkeln. Den nicht gebrauchten Faden auf der Musterrückseite lose weiterführen. Beim Farbübergang das letzte Stäbchen schon mit der neuen Farbe abmaschen. In Breite und Höhe ist innerhalb der Pfeile ein Mustersatz gegeben.

☒ 1 blaues Stäbchen

☐ 1 weißes Stäbchen

Mehrfarbige Muster 5

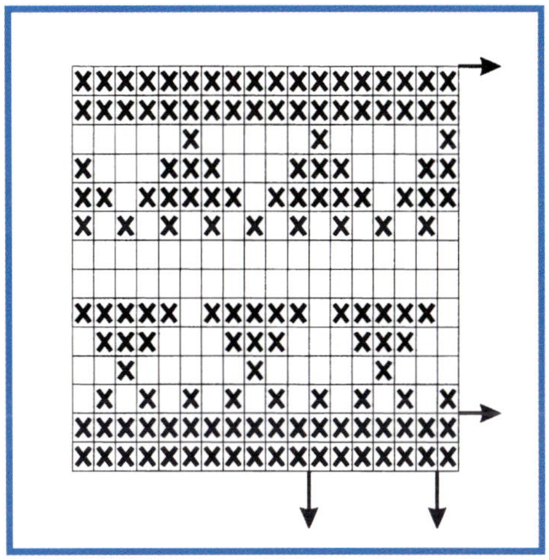

Mit einer Luft-M-Kette beginnen.
1. R: in die 3., dann in jede Anschlag-Luft-M 1 Stäbchen häkeln. Mit 2 Luft-M wenden.
2. und alle folgenden R: in jedes volle M-Glied ein Stäbchen häkeln. Mit 2 Luft-M wenden. Die zweifarbigen R mit 2 Farbfäden häkeln. Den nicht gebrauchten Faden auf der Musterrückseite lose weiterführen. Beim Farbübergang das letzte Stäbchen schon mit der neuen Farbe abmaschen. In Breite und Höhe ist innerhalb der Pfeile ein Mustersatz gegeben.

☒ 1 türkisfarbenes Stäbchen

☐ 1 weißes Stäbchen

Mehrfarbige Muster 6

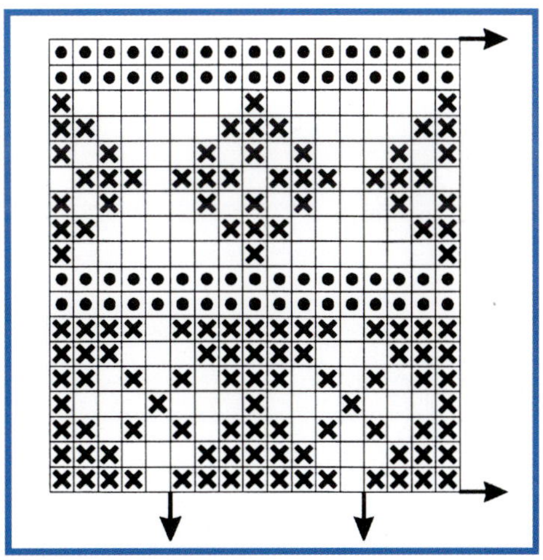

Mit einer Luft-M-Kette beginnen. 1. R: in die 2., dann in jede Anschlag-Luft-M 1 feste M häkeln. Mit einer Luft-M wenden. 2. und alle folgenden R: in jedes volle M-Glied 1 feste M häkeln. Mit einer Luft-M wenden. Die zweifarbigen R mit 2 Farbfäden häkeln. Den nicht gebrauchten Faden auf der Musterrückseite lose weiterführen. Beim Farbübergang die letzte feste M schon mit der neuen Farbe abmaschen. In Breite und Höhe ist innerhalb der Pfeile ein Mustersatz gegeben.

☐ 1 weiße feste M

☒ 1 türkisfarbene feste M

⊡ 1 dunkelblaue feste M

Mehrfarbige Muster 7

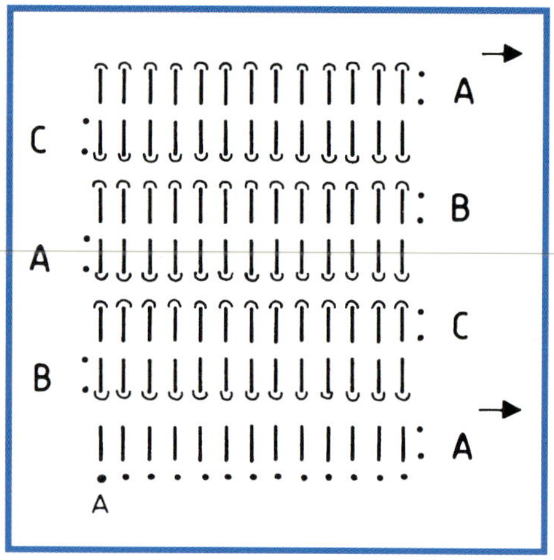

Bei A mit einer Luft-M-Kette beginnen. In der ersten R in die Anschlag-Luft-M, in allen folgenden R schemagemäß einstechen. Beim Farbübergang die Wende-Luft-M schon in der neuen Farbe häkeln. In der Höhe den Mustersatz innerhalb der Pfeile wiederholen. Farbe A = blau, Farbe B = türkis, Farbe C = dunkelblau.

Mehrfarbige Muster 8

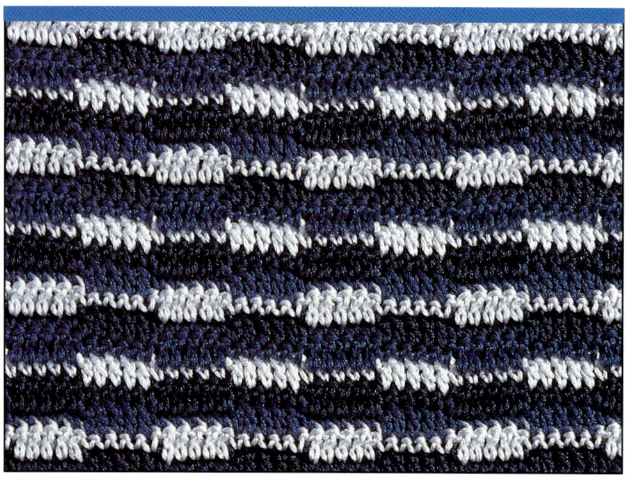

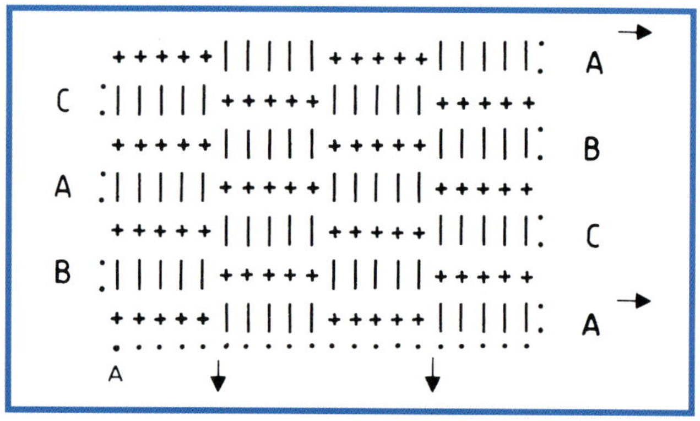

Bei A mit einer Luft-M-Kette beginnen. In der 1. R in die Anschlag-Luft-M, in allen folgenden R in die vollen M-Glieder einstechen. Beim Farbübergang die Wende-Luft-M schon in der neuen Farbe häkeln. In Breite und Höhe ist innerhalb der Pfeile ein Mustersatz gegeben. Farbe A = weiß, Farbe B = blau, Farbe C = dunkelblau.

Mehrfarbige Muster 9

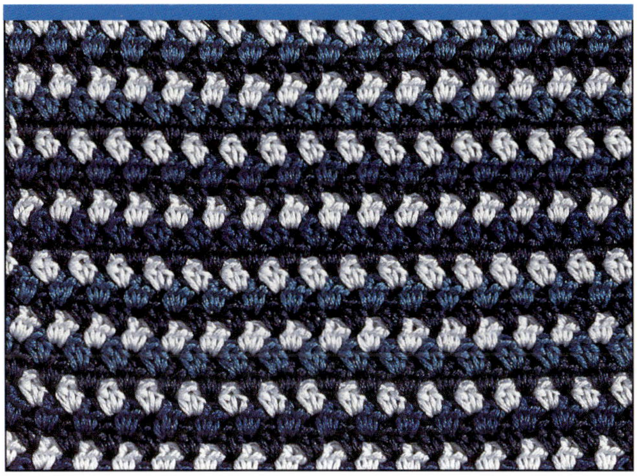

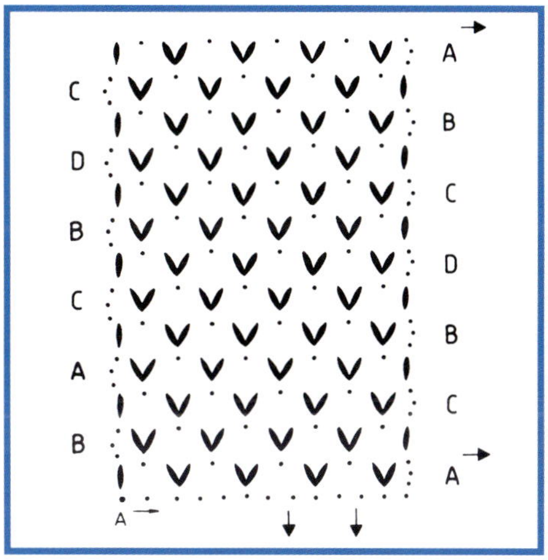

Bei A mit einer Luft-M-Kette beginnen. In der ersten R in die Anschlag-Luft-M, in allen folgenden R um die Luft-M greifend einstechen. Beim Farbübergang die Wende-Luft-M schon in der neuen Farbe häkeln. In Breite und Höhe ist innerhalb der Pfeile ein Mustersatz gegeben. Farbe A = blau, Farbe B = weiß, Farbe C = dunkelblau, Farbe D = türkis.

Mehrfarbige Muster 10

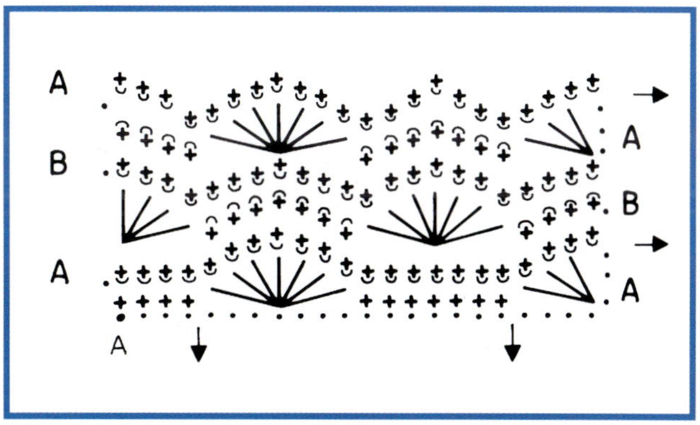

Bei A mit einer Luft-M-Kette beginnen. In der ersten R in die Anschlag-Luft-M einstechen. In den folgenden R für die festen M schemagemäß einstechen, die 7 Stäbchen in das volle M-Glied häkeln. Beim Farbübergang die Wende-Luft-M schon in der neuen Farbe häkeln. In Breite und Höhe ist innerhalb der Pfeile ein Mustersatz gegeben. Farbe A = blau, Farbe B = weiß.

Mehrfarbige Muster 11

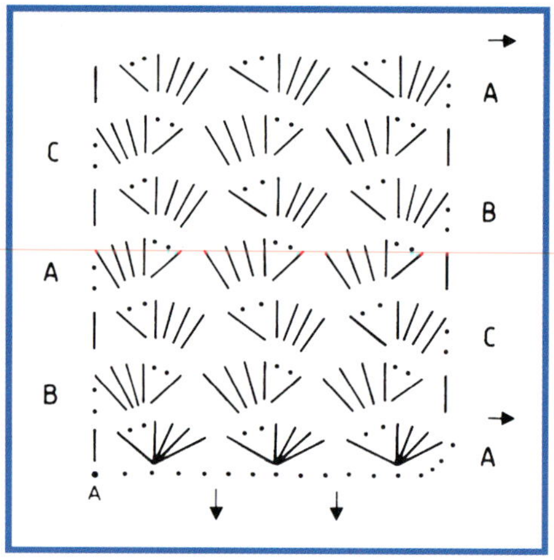

Bei A mit einer Luft-M-Kette beginnen. In der 1. R in die Anschlag-Luft-M, in allen folgenden R um die Luft-M greifend einstechen. Nur am Ende der R das letzte Stäbchen in das volle M-Glied des unteren Stäbchens häkeln. Beim Farbübergang die Wende-Luft-M schon mit der neuen Farbe häkeln. In Breite und Höhe den Mustersatz innerhalb der Pfeile wiederholen.
Farbe A = türkis, Farbe B = weiß, Farbe C = blau.

Mehrfarbige Muster 12

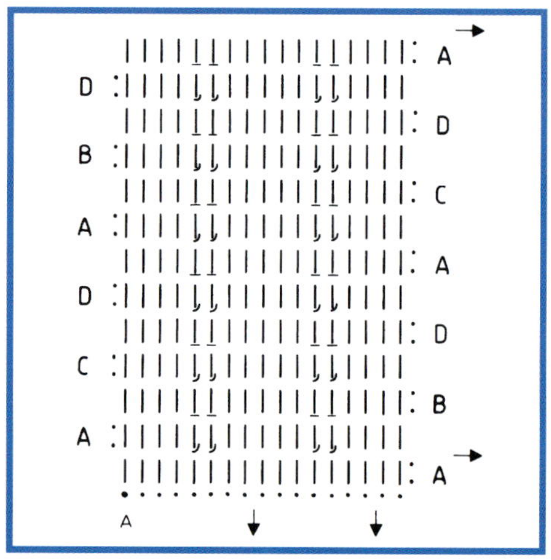

Bei A mit einer Luft-M-Kette beginnen. In der ersten R in die Anschlag-Luft-M, in allen folgenden R in die vollen M-Glieder bzw. schemagemäß einstechen. Beim Farbübergang die Wende-Luft-M schon in der neuen Farbe häkeln. In Breite und Höhe ist innerhalb der Pfeile ein Mustersatz gegeben.
Farbe A = türkis, Farbe B = dunkelblau, Farbe C = weiß, Farbe D = blau.

Netzmuster

Netzmuster 1

Bei A mit einer Luft-M-Kette beginnen. In der 1. R in die Anschlag-Luft-M, in allen folgenden R ins volle M-Glied einstechen. In Breite und Höhe ist innerhalb der Pfeile ein Mustersatz gegeben.

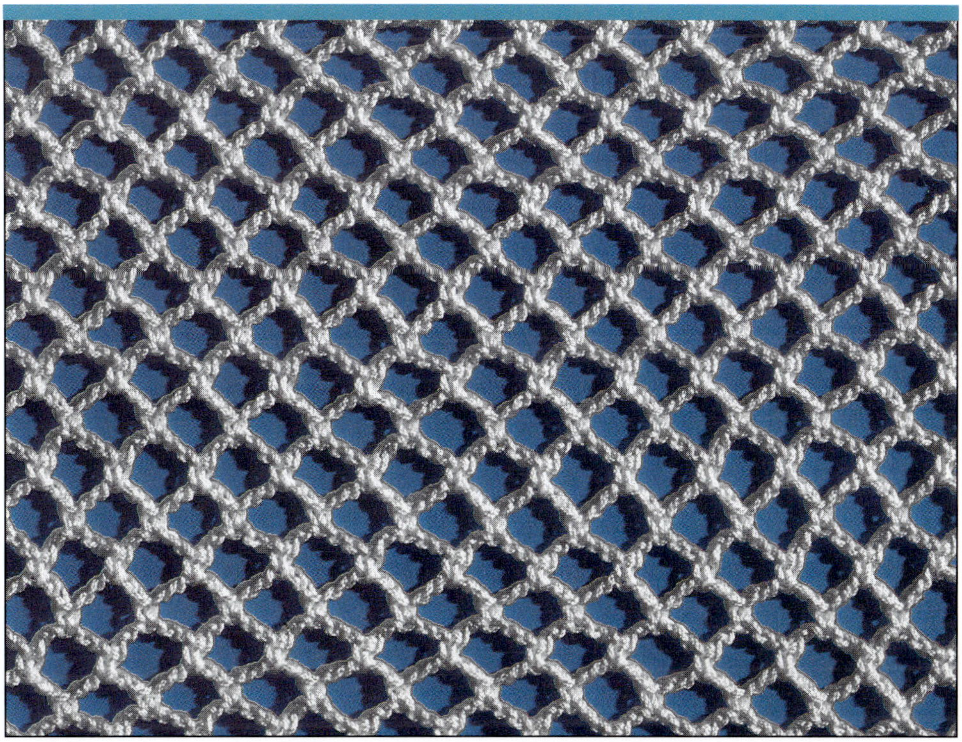

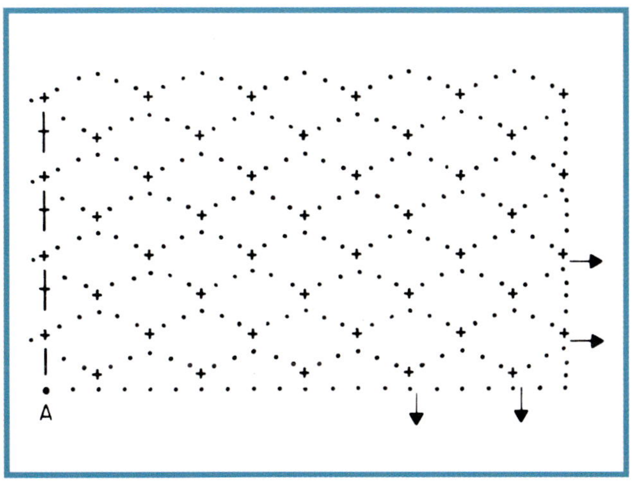

Netzmuster 2

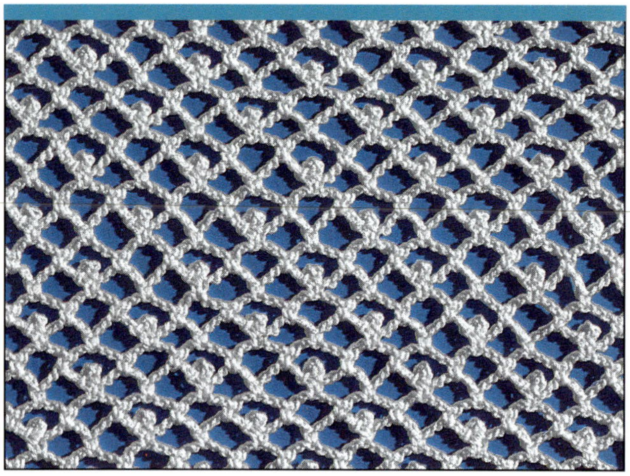

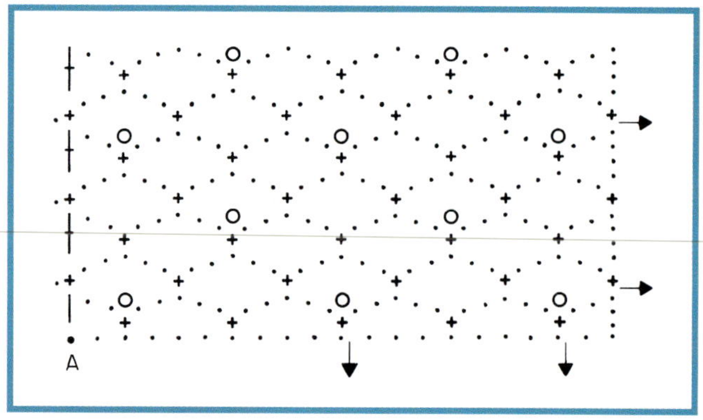

Bei A mit einer Luft-M-Kette beginnen. In der 1. R in die Anschlag-Luft-M, in allen folgenden R ins volle M-Glied einstechen. Für ein Pikot 3 Luft-M bilden und zurückgehend in die feste M eine Ketten-M häkeln (siehe Zeichnung). In Breite und Höhe ist innerhalb der Pfeile ein Mustersatz gegeben.

DIE BESONDERE MASCHE

Für ein Pikot 3 Luft-M bilden und zurückgehend in die feste M eine Ketten-M häkeln.

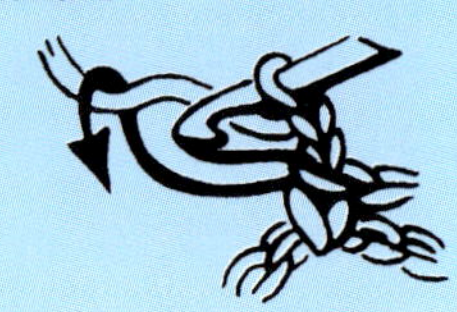

Netzmuster 3

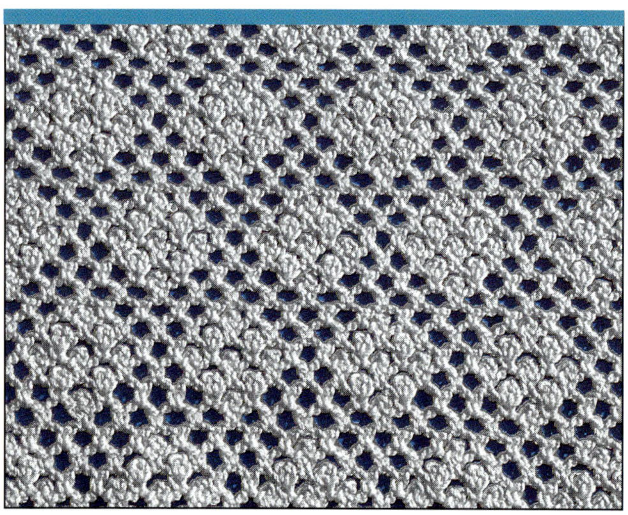

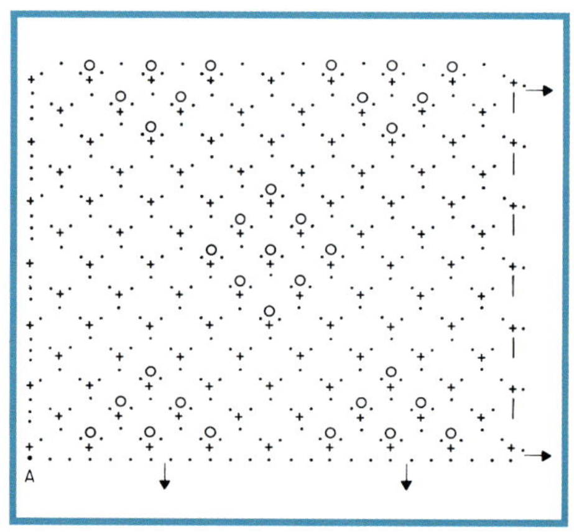

Bei A mit einer Luft-M-Kette beginnen. In der 1. R in die Anschlag-Luft-M, in allen folgenden R ins volle M-Glied einstechen. Für ein Pikot 3 Luft-M bilden und zurückgehend in die feste M eine Ketten-M häkeln (siehe Zeichnung bei Netzmuster 2). In Breite und Höhe ist innerhalb der Pfeile ein Mustersatz gegeben.

Netzmuster 4

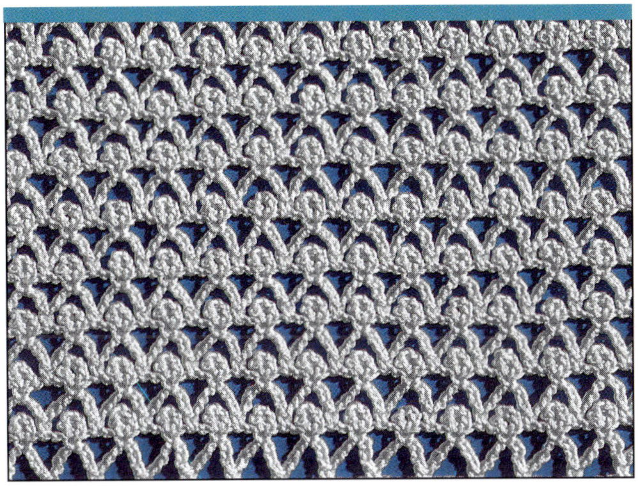

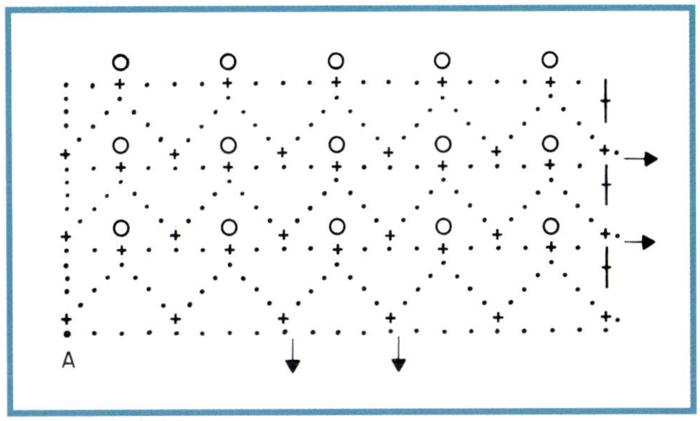

Bei A mit einer Luft-M-Kette beginnen. In der 1. R in die Anschlag-Luft-M, in allen folgenden R ins volle M-Glied einstechen. Für ein Pikot 5 Luft-M bilden und zurückgehend in die feste M eine Ketten-M häkeln. In Breite und Höhe ist innerhalb der Pfeile ein Mustersatz gegeben.

Netzmuster 5

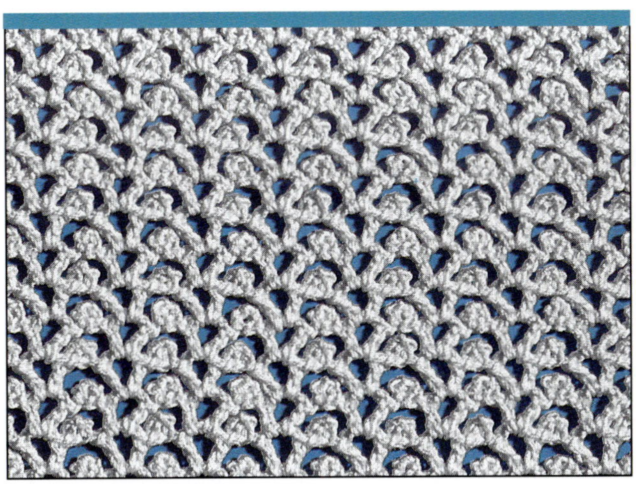

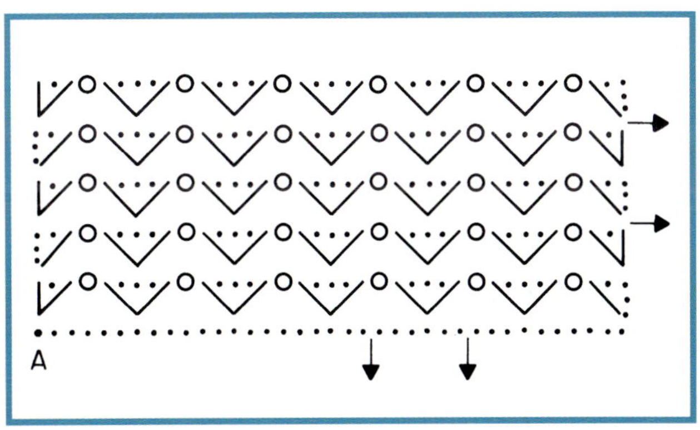

Bei A mit einer Luft-M-Kette beginnen. In der 1. R in die Anschlag-Luft-M, in allen folgenden R um die Luft-M greifend einstechen. Für ein Pikot 4 Luft-M bilden und zurückgehend in die 1. Luft-M eine feste M häkeln. In Breite und Höhe ist innerhalb der Pfeile ein Mustersatz gegeben.

Netzmuster 6

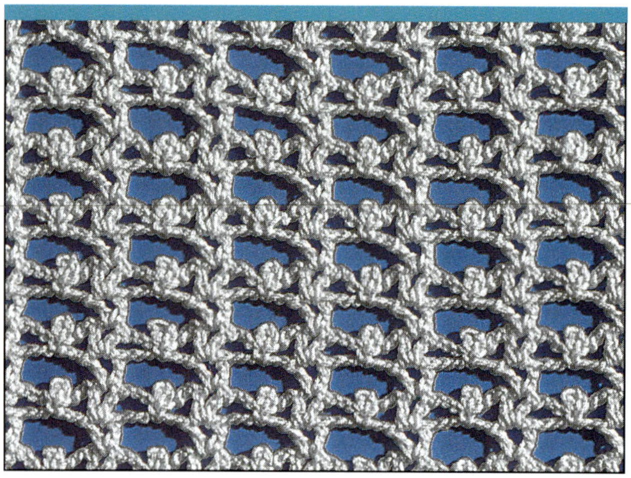

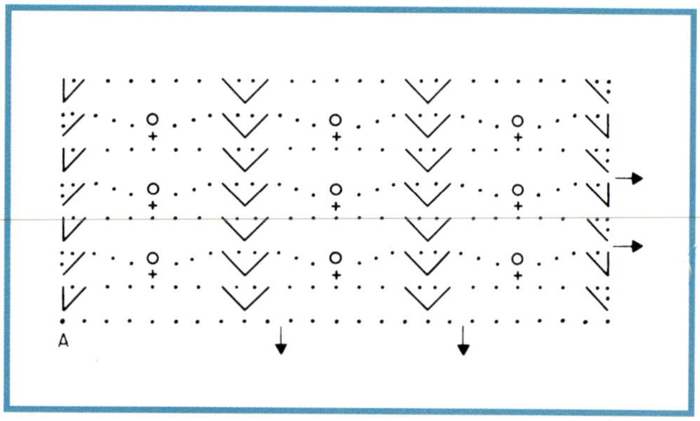

Bei A mit einer Luft-M-Kette beginnen. In der 1. R in die Anschlag-Luft-M, in allen folgenden R die Stäbchen um die Luft-M greifend, die festen M ins volle M-Glied einstechen. Für ein Pikot 3 Luft-M bilden und zurückgehend in die feste M eine Ketten-M häkeln (siehe Zeichnung). In Breite und Höhe ist innerhalb der Pfeile ein Mustersatz gegeben.

DIE BESONDERE MASCHE ○

Für ein Pikot 3 Luft-M bilden und zurückgehend in die feste M eine Ketten-M häkeln.

Netzmuster 7

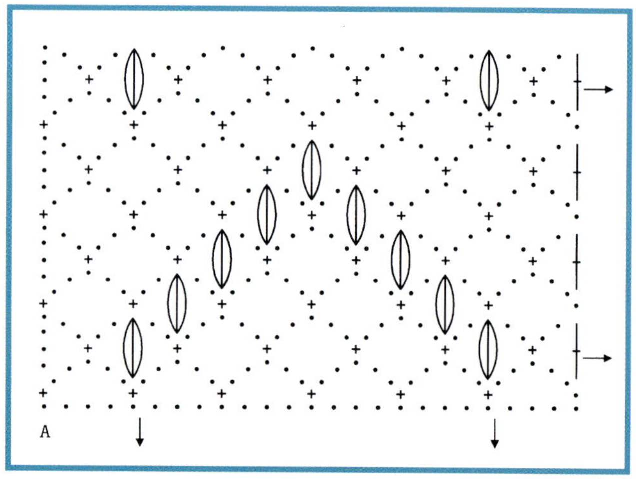

Bei A mit einer Luft-M-Kette beginnen. In der 1. R in die Anschlag-Luft-M, in allen folgenden R ins volle M-Glied einstechen. In Breite und Höhe ist innerhalb der Pfeile ein Mustersatz gegeben.

Netzmuster 8

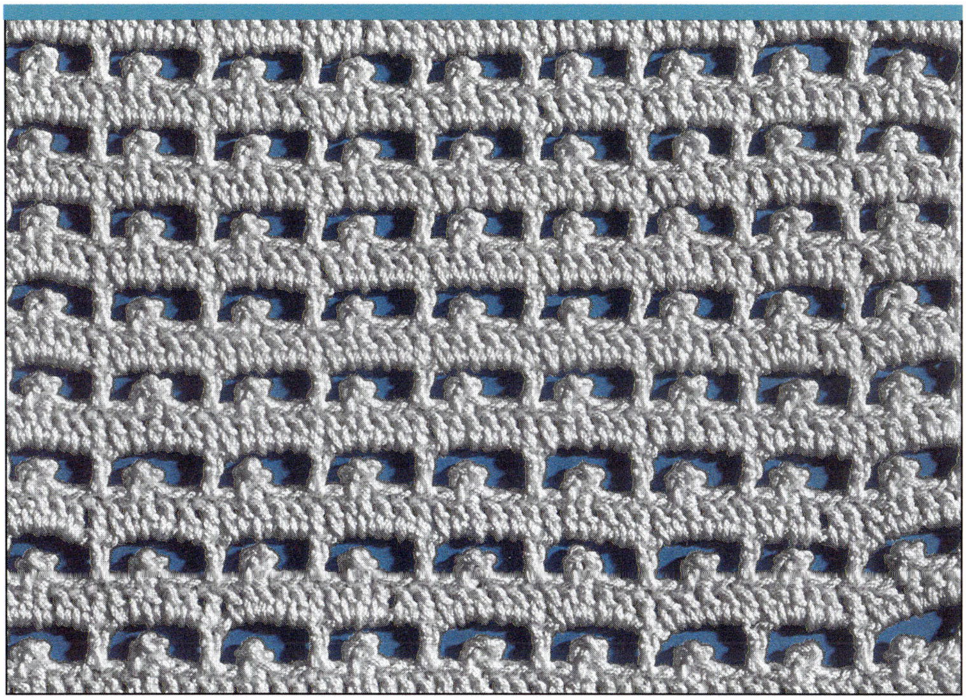

Bei A mit einer Luft-M-Kette beginnen. In der 1. R in die Anschlag-Luft-M, in allen folgenden R schemagemäß ins volle M-Glied bzw. um die Luft-M greifend einstechen.
Für 1 Pikot 4 Luft-M bilden und zurückgehend in das Stäbchen 1 Ketten-M häkeln (siehe Zeichnung).
In Breite und Höhe ist innerhalb der Pfeile ein Mustersatz gegeben.

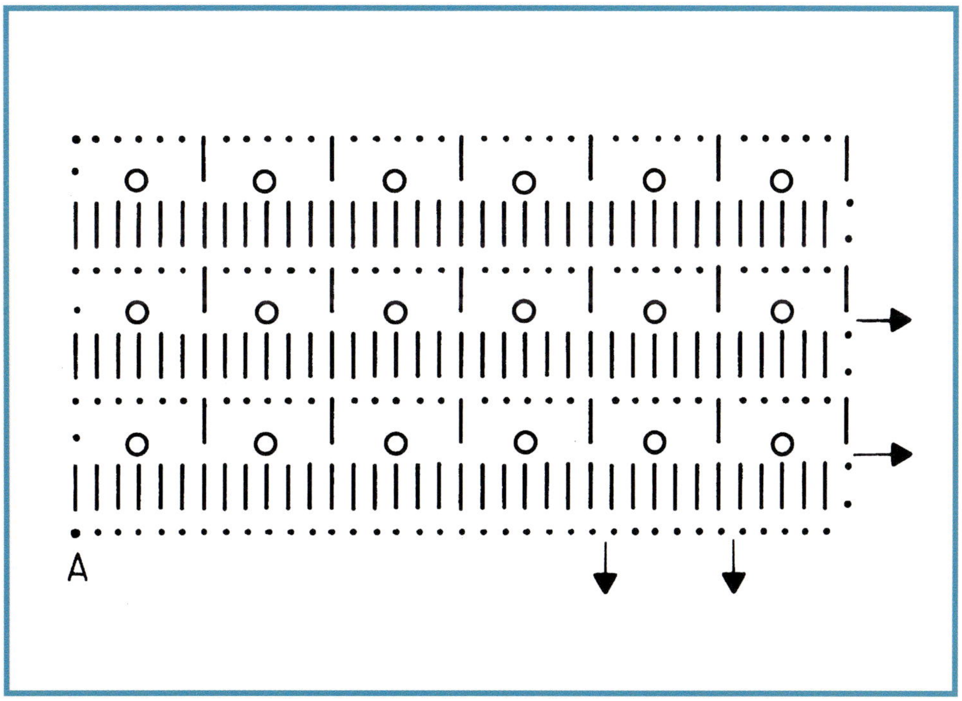

DIE BESONDERE MASCHE ○

Für 1 Pikot 4 Luft-M bilden und zurückgehend in das Stäbchen 1 Ketten-M häkeln.

Netzmuster 9

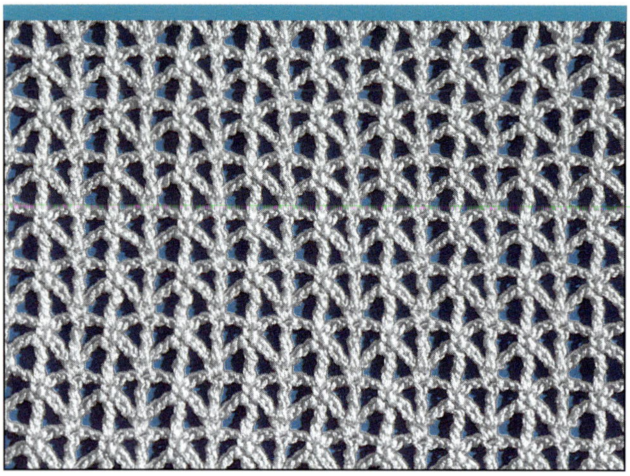

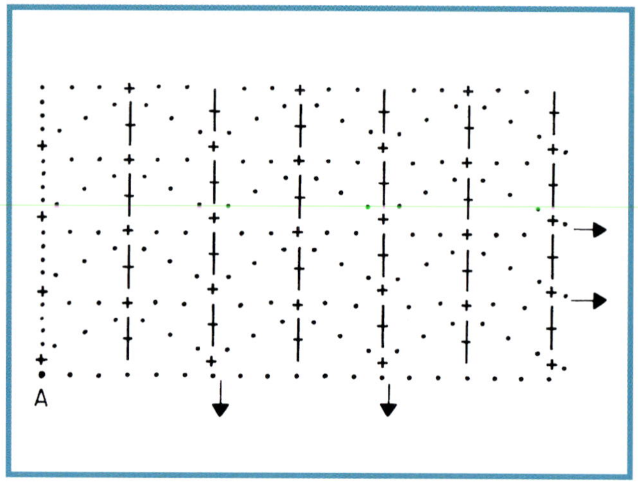

Bei A mit einer Luft-M-Kette beginnen. In der 1. R in die Anschlag-Luft-M, in allen folgenden R ins volle M-Glied einstechen. In Breite und Höhe ist innerhalb der Pfeile ein Mustersatz gegeben.

Netzmuster 10

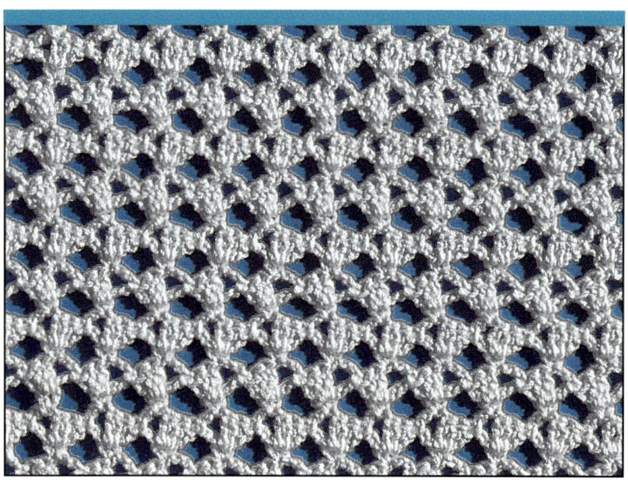

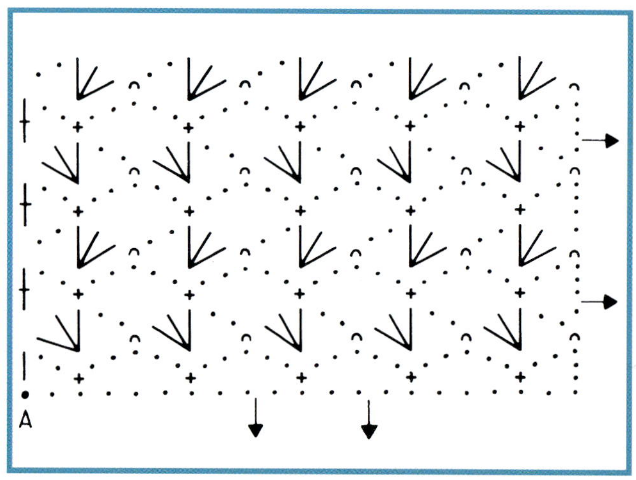

Bei A mit einer Luft-M-Kette beginnen. In der 1. R in die Anschlag-Luft-M, in allen folgenden R ins volle M-Glied einstechen. In Breite und Höhe ist innerhalb der Pfeile ein Mustersatz gegeben.

Netzmuster 11

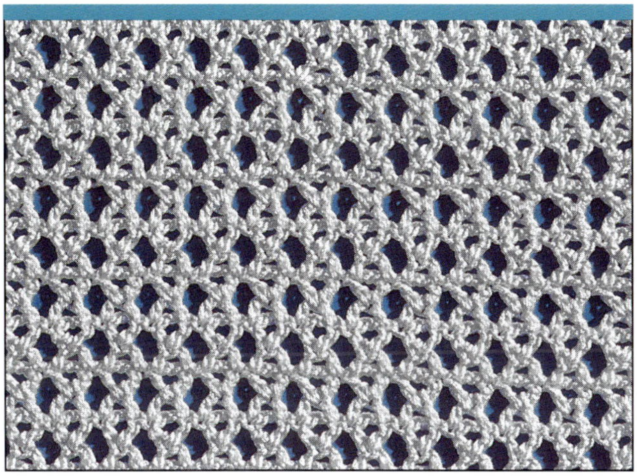

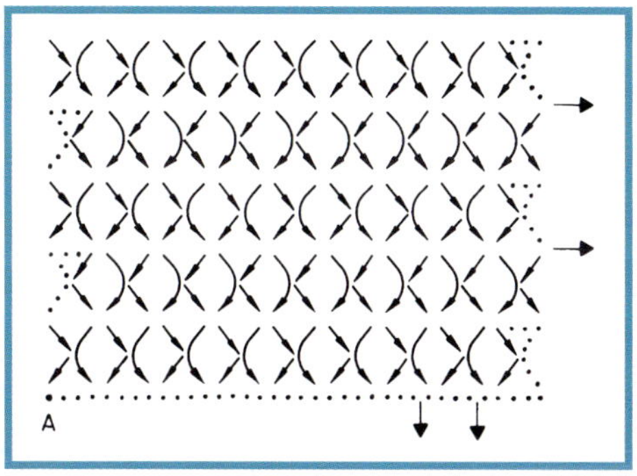

Bei A mit einer Luft-M-Kette beginnen. In der 1. R in die Anschlag-Luft-M, in allen folgenden R schemagemäß und entsprechend der Zeichenerklärung einstechen. In Breite und Höhe ist innerhalb der Pfeile ein Mustersatz gegeben.
Zeichenerklärung:
Kreuzstäbchen am Anfang der R: 3 Luft-M und 1 Stäbchen in das 3. folgende untere M-Glied, 5 Luft-M, 1 Stäbchen in das 2. Paar der zusammen abgemaschten M-Glieder (Zeichnung 1).

1 Kreuzstäbchen: 1 Doppelumschlag bilden, aus dem folgenden unteren M-Glied 1 Schlinge holen, von den 4 auf der Nadel befindlichen M-Gliedern zunächst 2 M-Glieder mit einem neuen Umschlag zusammen abmaschen, 1 U bilden, aus dem 3. folgenden unteren M-Glied 1 Schlinge holen und von den 5 auf der Nadel befindlichen M-Gliedern 4x 2 M-Glieder mit je 1 neuen U zusammen abmaschen (Zeichnung 2), 2 Luft-M, 1 Stäbchen in das 2. Paar der zusammen abgemaschten M-Glieder.

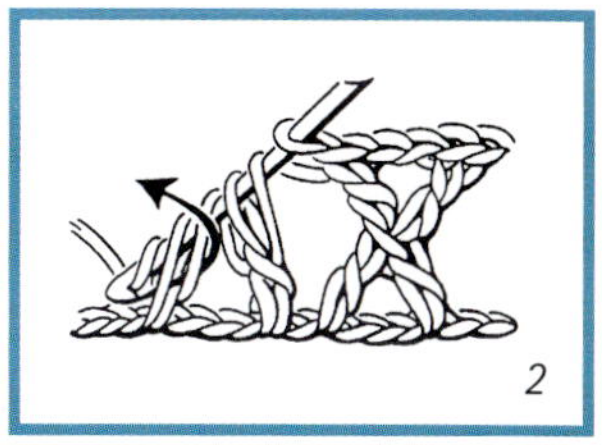

Netzmuster 12

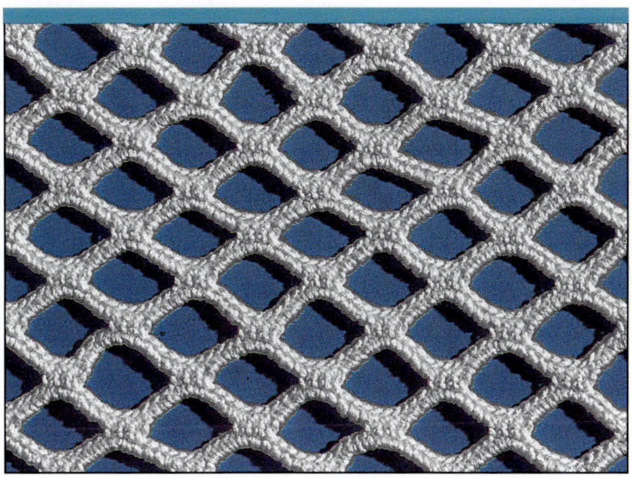

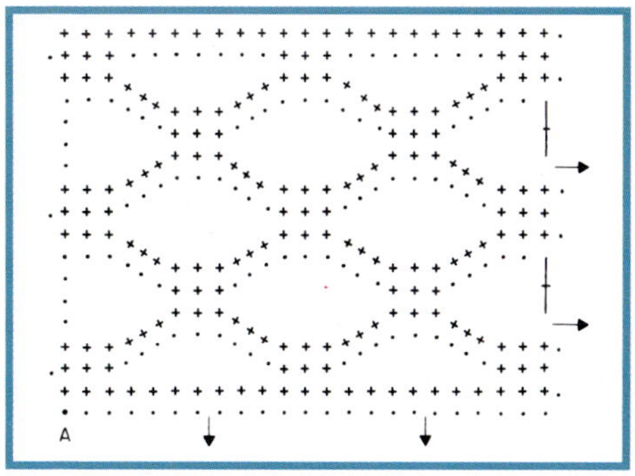

Bei A mit einer Luft-M-Kette beginnen. In der 1. R in die Anschlag-Luft-M, in allen folgenden R schemagemäß ins volle M-Glied der unteren festen M bzw. um die Luft-M greifend einstechen. In Breite und Höhe ist innerhalb der Pfeile ein Mustersatz gegeben.

Filetmuster

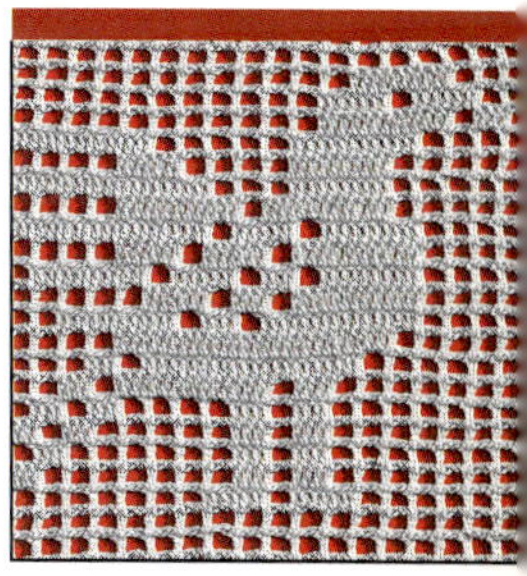

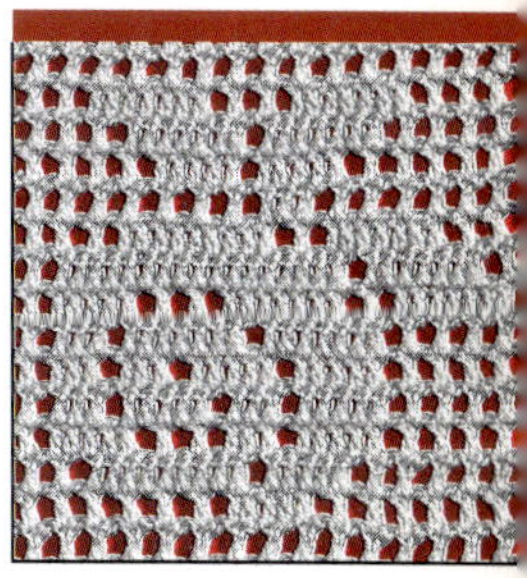

Einen hübschen Ausblick bietet die Gardine in Filethäkelei und schützt dabei vor allzu neugierigen Einblicken.

Filetmuster 1

Zeichenerklärung für die Filetmuster 1-11

- □ 2 Luft-M und 1 Stäbchen
- ⊡ 3 Stäbchen
- ⊟ 5 Luft-M und 1 Stäbchen

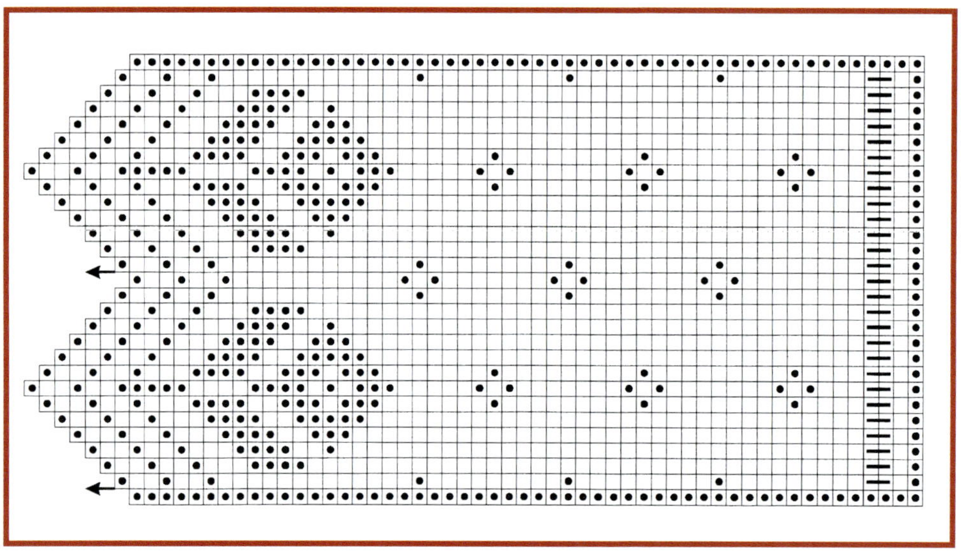

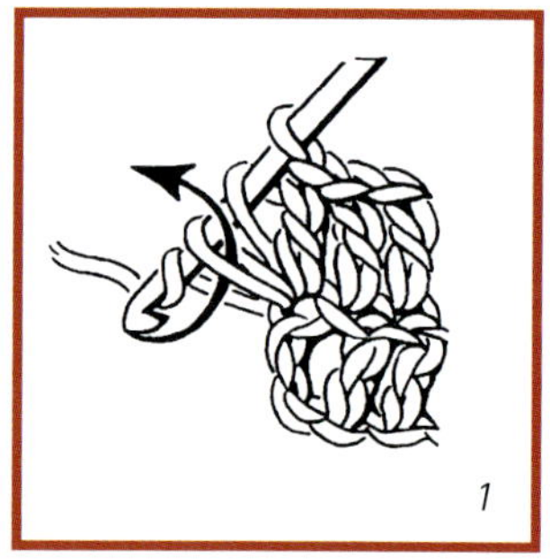

1

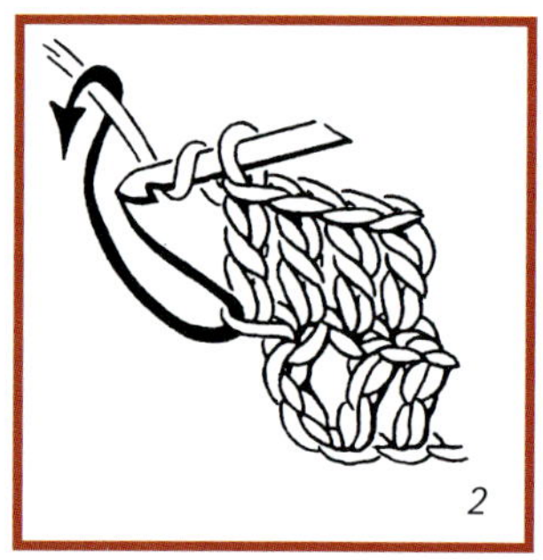

2

Die Gardine am seitlichen Rand mit 162 Luft-M beginnen und nach dem Zählmuster arbeiten. In der 1. R in die 4., dann in jede Anschlag-Luft-M in den folgenden R in die vollen M-Glieder einstechen. Für das Verlängern der R am Ende der Hin-R mit 5 Luft-M wenden und am Anfang der Rück-R 3 Luft-M als Wende-Luft-M stehenlassen, in die 4. und 5. Luft-M und in das untere Stäbchen je 1 Stäbchen häkeln. Für das Verlängern am Ende der Rück-R jeweils 1 U bilden, in den Einstichpunkt des vorhergehenden Stäbchens einstechen, 1 Luft-M bilden und darauf das folgende Stäbchen häkeln (Zeichnung 1). Jedes weitere Stäbchen in die neu gebildete Luft-M häkeln (Zeichnung 2). Für das Verkürzen der R am Ende der Rück-R 3 M stehenlassen, am Anfang der Rück-R die ersten 3 M mit 3 Ketten-M übergehen. In der Breite (spätere Höhe der Gardine) ist die ganze Gardine gegeben. In der Höhe (spätere Breite der Gardine) den Mustersatz innerhalb der Pfeile wiederholen.

Arbeitsanleitung für die Filetmuster 2 und 3

Mit einer Luft-M-Kette beginnen und nach dem Zählmuster arbeiten. In der ersten R für das 1. leere Karo in die 8. Anschlag-Luft-M, dann dem Zählmuster entsprechend in die Anschlag-Luft-M einstechen. Mit 3 Luft-M wenden. In allen folgenden R in die vollen M-Glieder einstechen. Mit 3 Luft-M wenden. In Breite und Höhe den Mustersatz innerhalb der Pfeile wiederholen.

Filetmuster 2

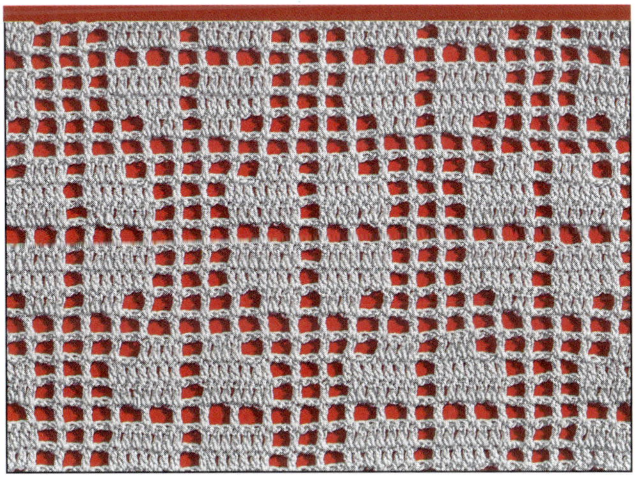

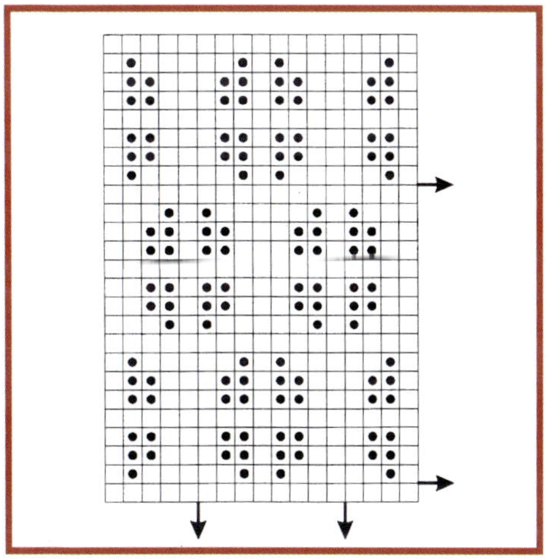

Filetmuster 3

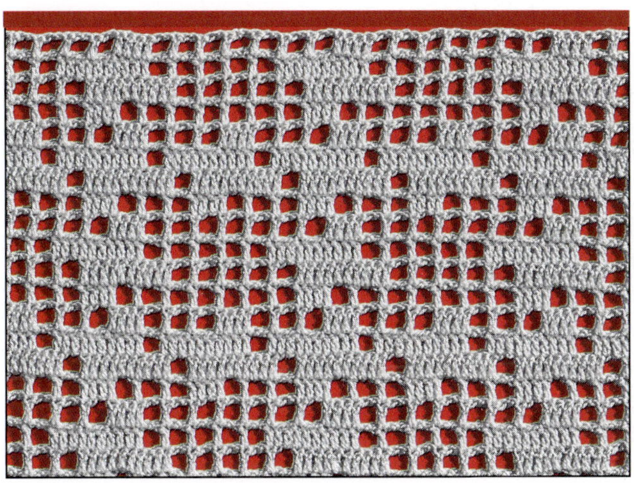

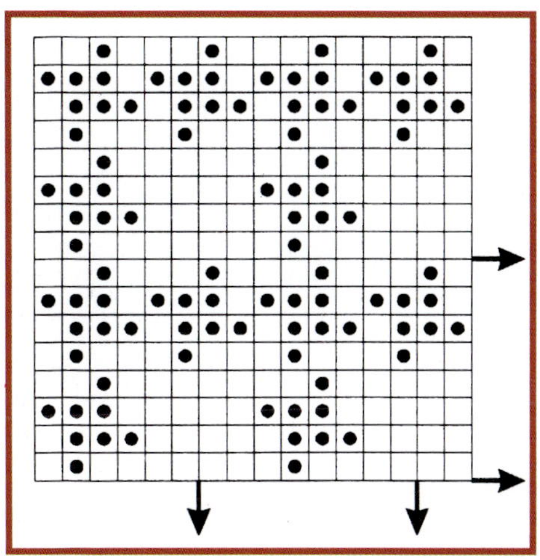

Arbeitsanleitung für die Filetmuster 4–7

Mit einer Luft-M-Kette beginnen und nach dem Zählmuster arbeiten. In der ersten R für das 1. leere Karo in die 8. Anschlag-Luft-M, dann dem Zählmuster entsprechend in die Anschlag-Luft-M einstechen. Mit 3 Luft-M wenden. In allen folgenden R in die vollen M-Glieder einstechen. Mit 3 Luft-M wenden. In Breite und Höhe den Mustersatz innerhalb der Pfeile wiederholen.

Filetmuster 4

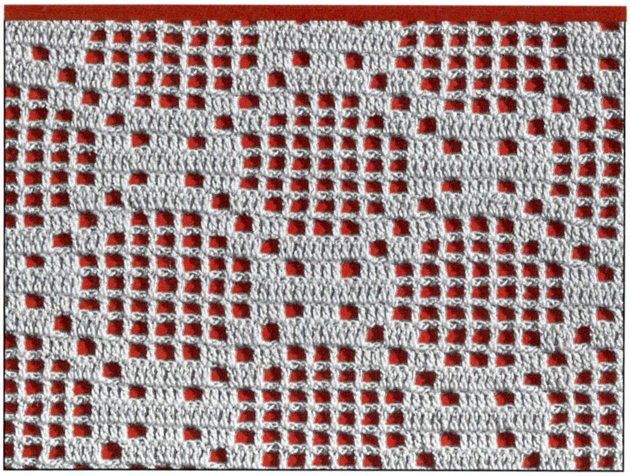

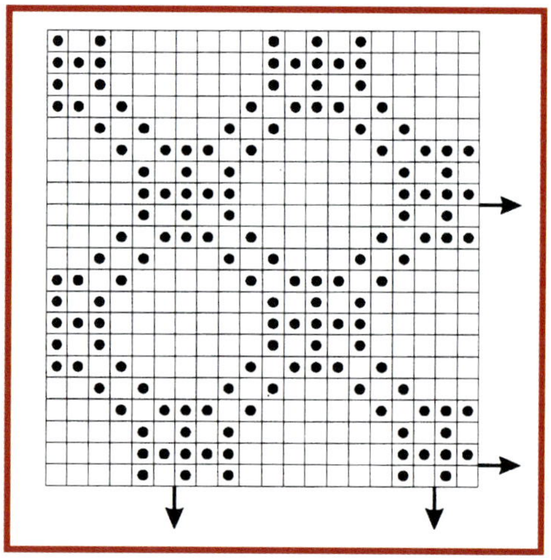

Filetmuster 5

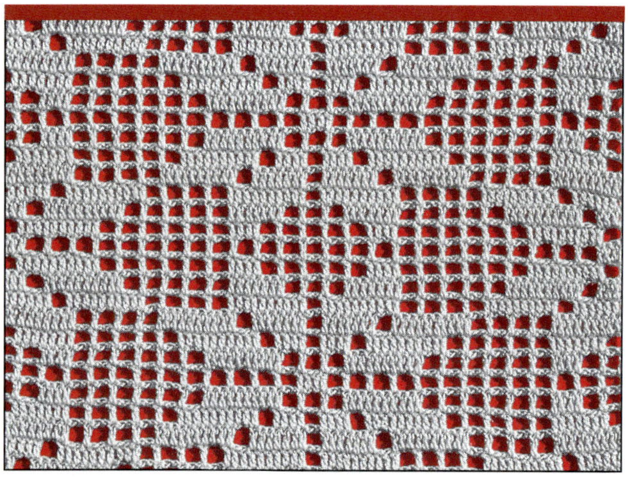

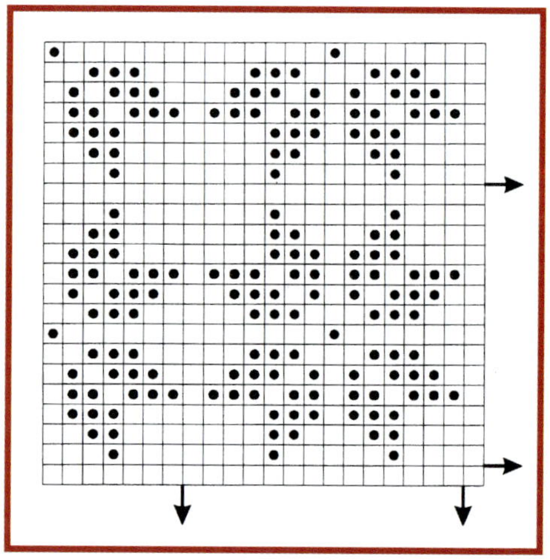

Filetmuster 6

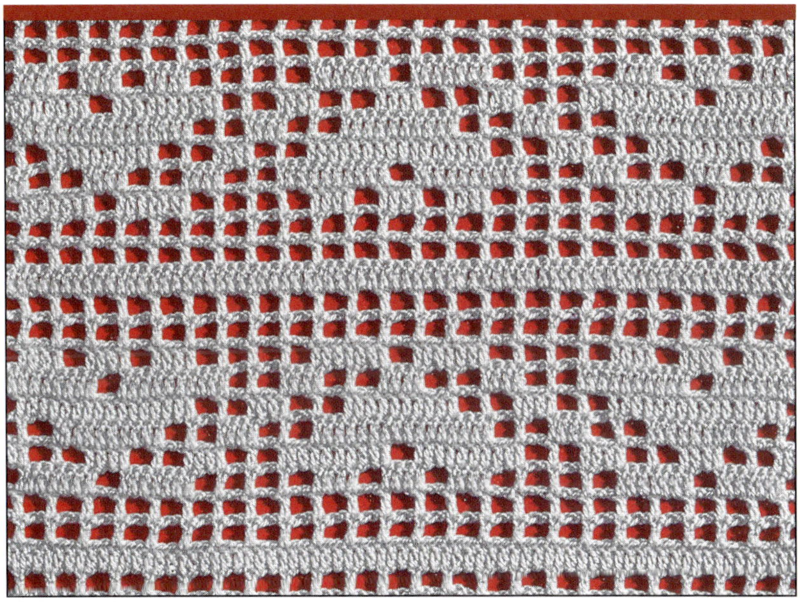

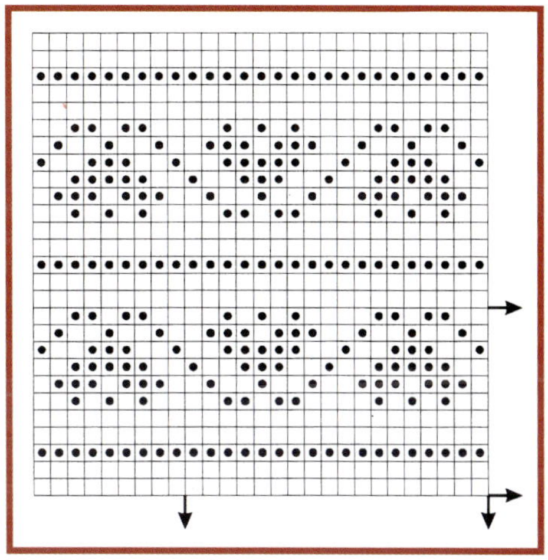

Filetmuster 7

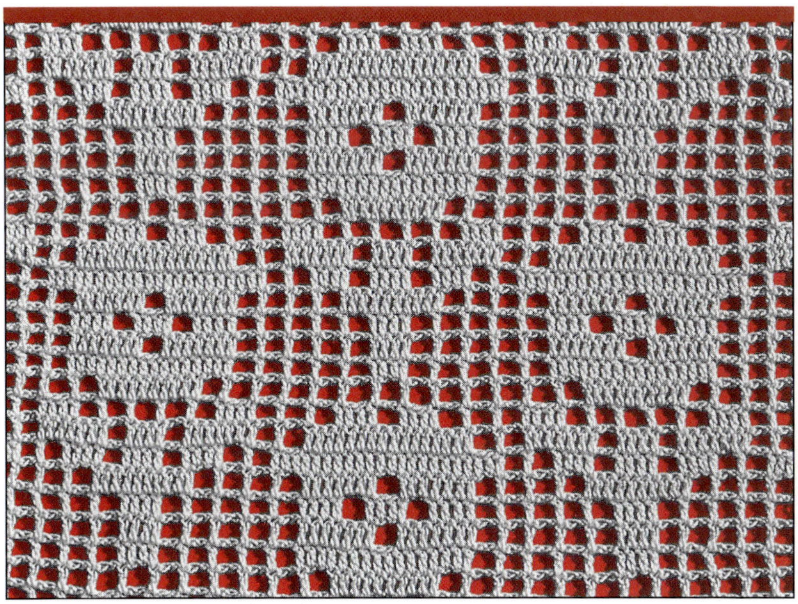

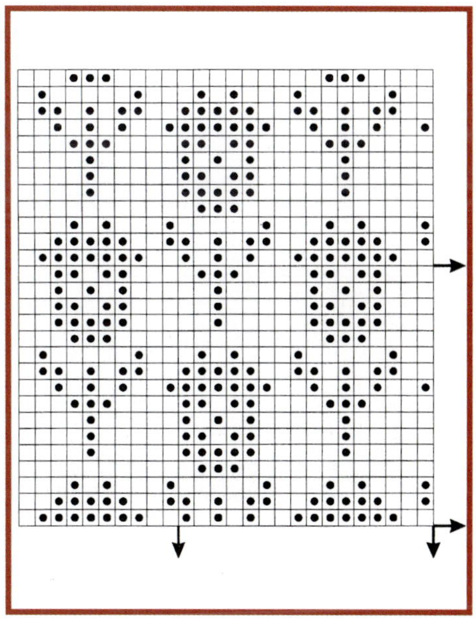

Filetmuster 8

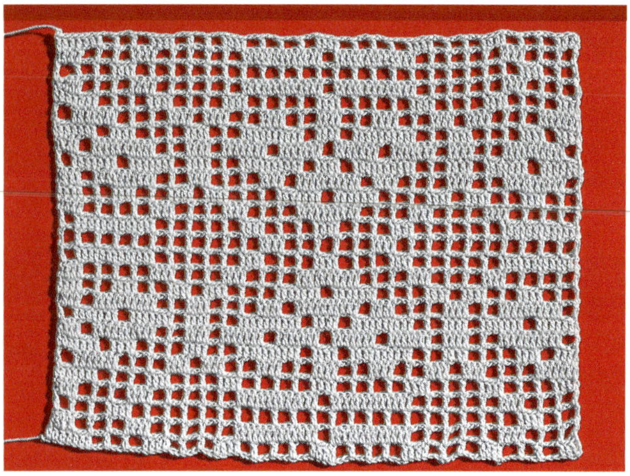

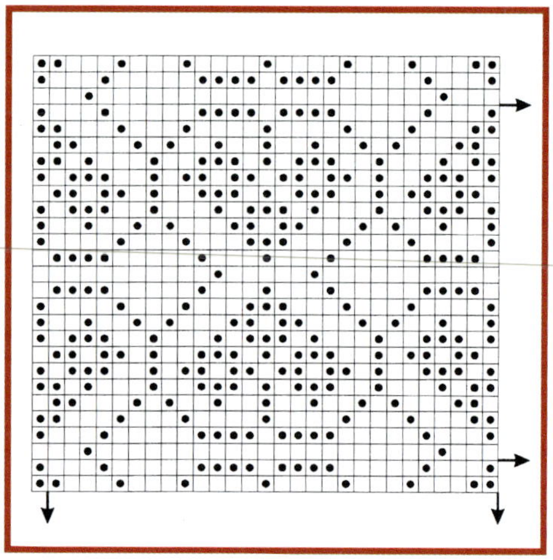

Mit einer Luft-M-Kette beginnen und nach dem Zählmuster arbeiten. In der ersten R für das 1. volle Karo die 3 Stäbchen in die 4., 5. und 6. Anschlag-Luft-M häkeln, dann dem Zählmuster entsprechend in die Anschlag-Luft-M einstechen. Mit 3 Luft-M wenden. In allen folgenden R in die vollen M-Glieder einstechen. Mit 3 Luft-M wenden. In Breite und Höhe den Mustersatz innerhalb der Pfeile wiederholen.

Filetmuster 9

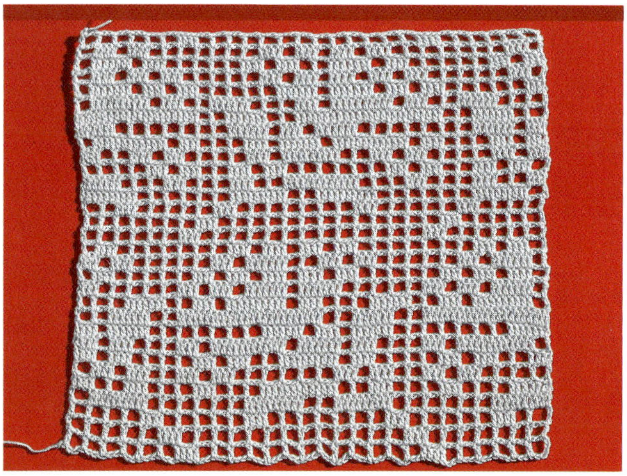

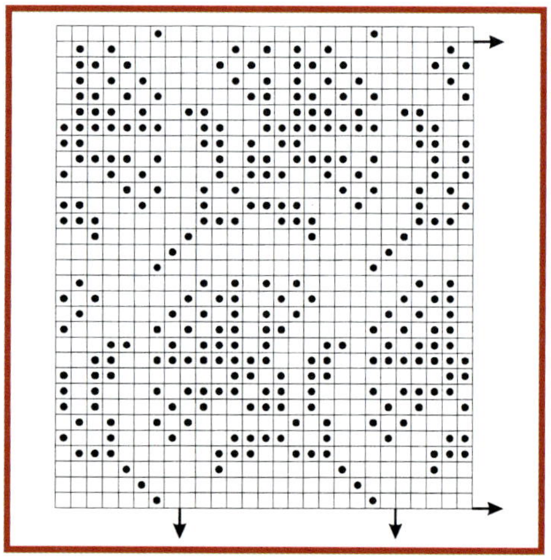

Mit einer Luft-M-Kette beginnen und nach dem Zählmuster arbeiten. In der ersten R für das 1. leere Karo in die 8. Anschlag-Luft-M, dann dem Zählmuster entsprechend in die Anschlag-Luft-M einstechen. Mit 3 Luft-M wenden. In allen folgenden R in die vollen M-Glieder einstechen. Mit 3 Luft-M wenden. In Breite und Höhe den Mustersatz innerhalb der Pfeile wiederholen.

Filetmuster 10

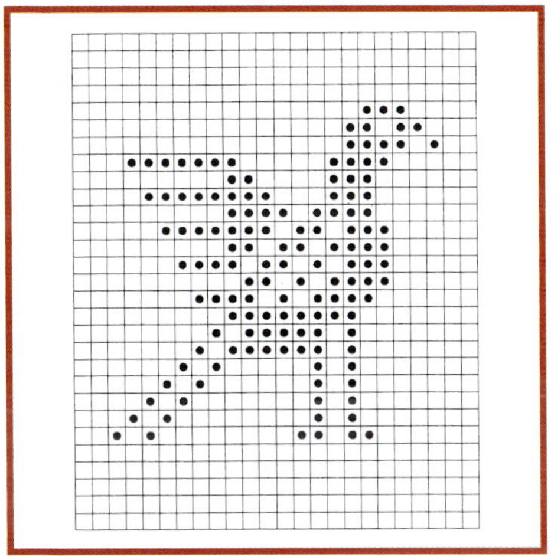

Den Filetgrund mit einer Luft-M-Kette beginnen. 1. R: in die 8. Anschlag-Luft-M 1 Stäbchen häkeln, dann abw. 2 Luft-M und in die 3. Anschlag-Luft-M 1 Stäbchen häkeln. Mit 3 Luft-M wenden. 2. und alle folgenden R. abw. 2 untere Luft-M mit 2 Luft-M übergehen, in das volle M-Glied des unteren Stäbchens 1 Stäbchen häkeln. Am Ende der R das letzte Stäbchen in die Wende-Luft-M arbeiten. Mit 3 Luft-M wenden. Das Motiv nach dem Zählmuster in den Filetgrund häkeln.

Filetmuster 11

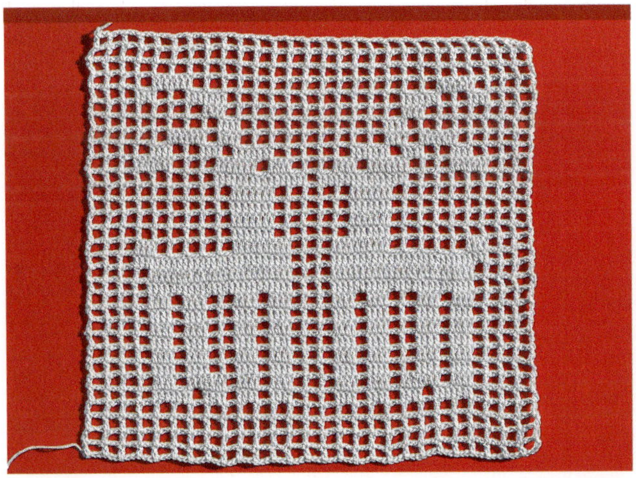

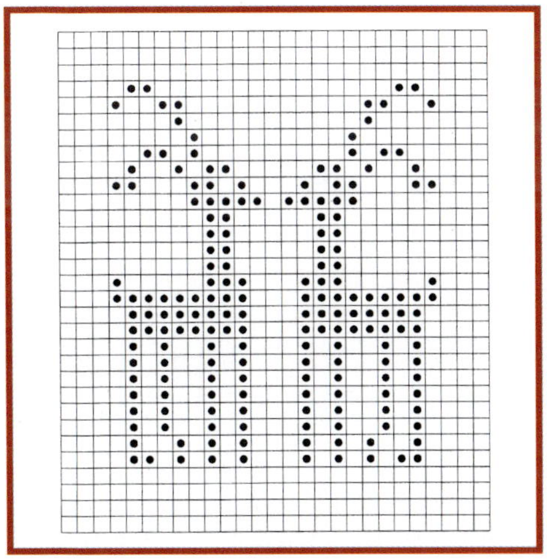

Den Filetgrund mit einer Luft-M-Kette beginnen. 1. R: in die 8. Anschlag-Luft-M 1 Stäbchen häkeln, dann abw. 2 Luft-M und in die 3. Anschlag-Luft-M 1 Stäbchen häkeln. Mit 3 Luft-M wenden. 2. und alle folgenden R: abw. 2 untere Luft-M mit 2 Luft-M übergehen, in das volle M-Glied des unteren Stäbchens 1 Stäbchen häkeln. Am Ende der R das letzte Stäbchen in die Wende-Luft-M arbeiten. Mit 3 Luft-M wenden. Das Motiv nach dem Zählmuster in den Filetgrund häkeln.

Arbeitsanleitung für die Filetmuster 12–15

Mit einer Luft-M-Kette beginnen und nach dem Zählmuster arbeiten. In der ersten R für das 1. leere Karo in die 6. Anschlag-Luft-M, dann dem Zählmuster entsprechend in die Anschlag-Luft-M einstechen. Mit 3 Luft-M wenden. In allen folgenden R in die vollen M-Glieder einstechen. Mit 3 Luft-M wenden. In Breite und Höhe den Mustersatz innerhalb der Pfeile wiederholen.

Filetmuster 12

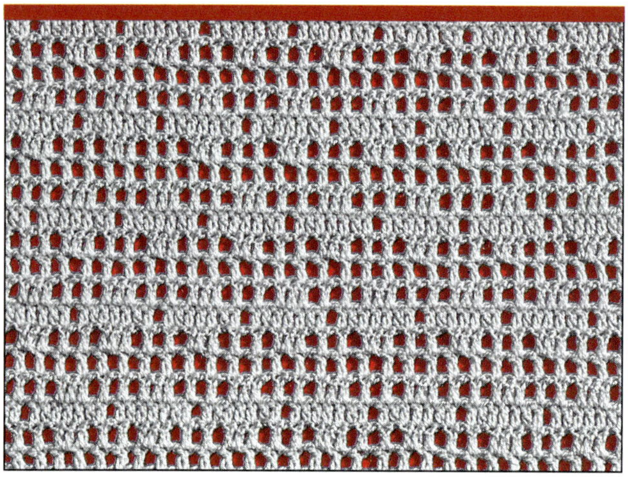

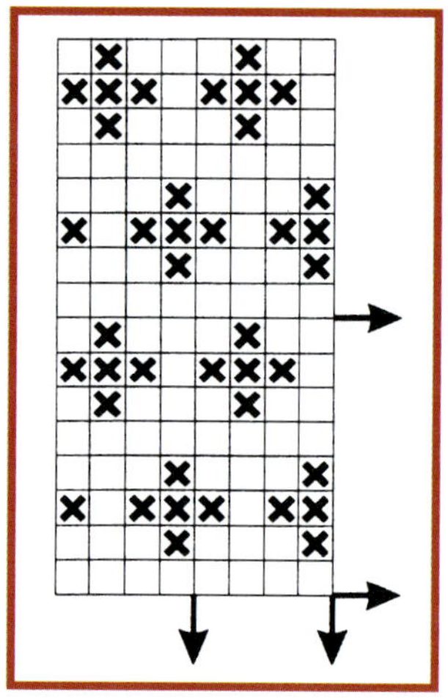

Zeichenerklärung für die Filetmuster 12-21

- ☐ 1 Luft-M und 1 Stäbchen
- ☒ 2 Stäbchen

Filetmuster 13

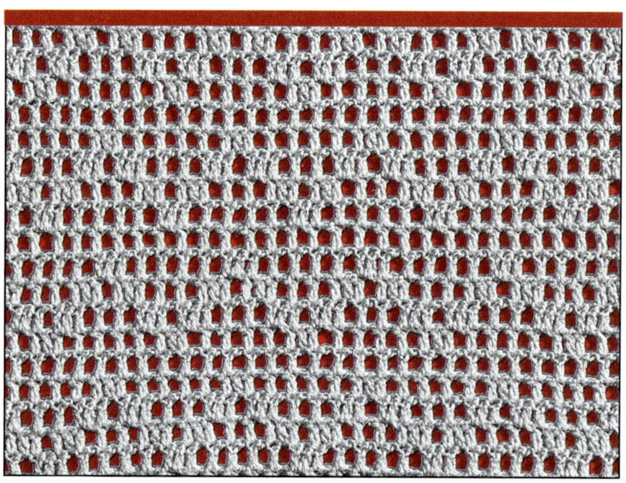

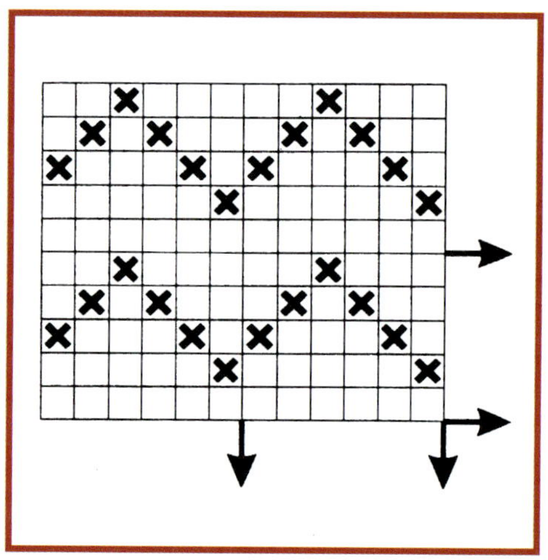

Filetmuster 14

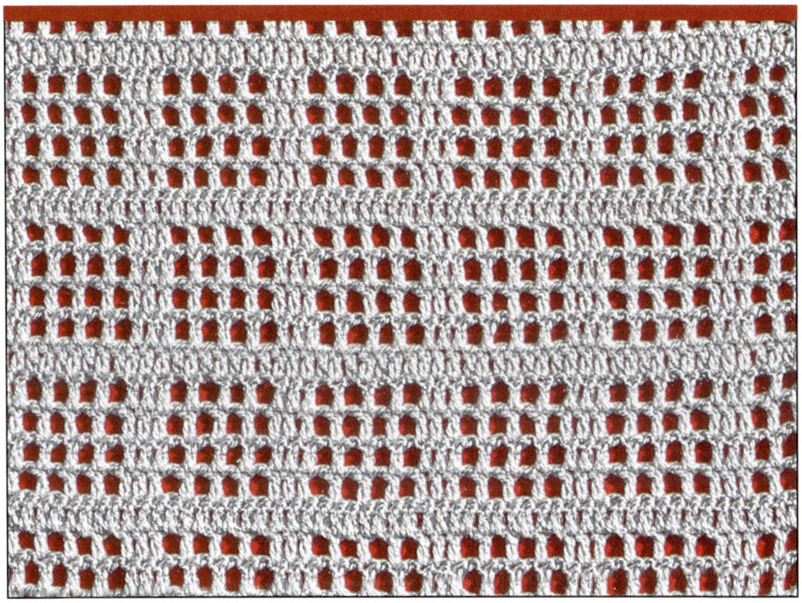

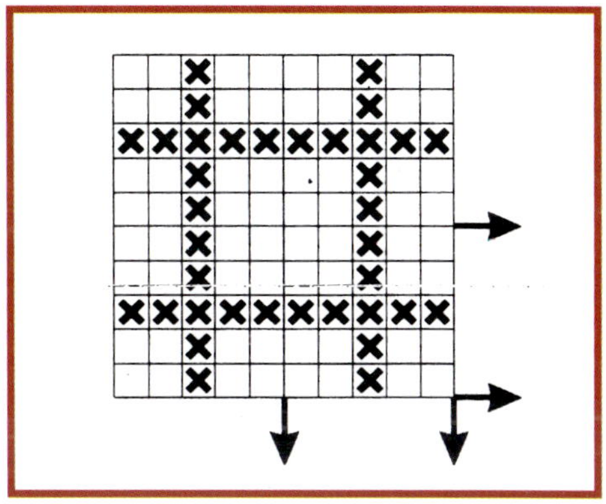

Filetmuster 15

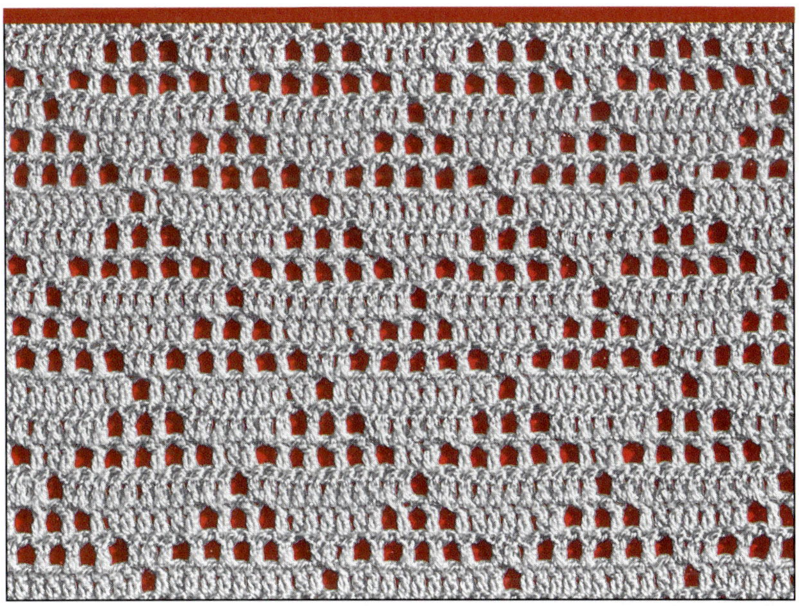

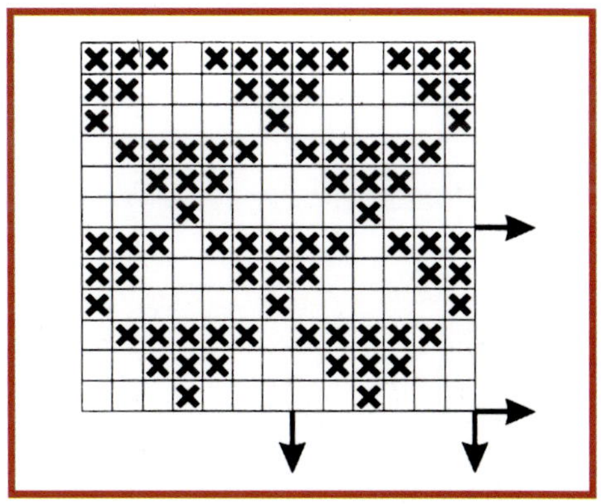

Filetmuster 16

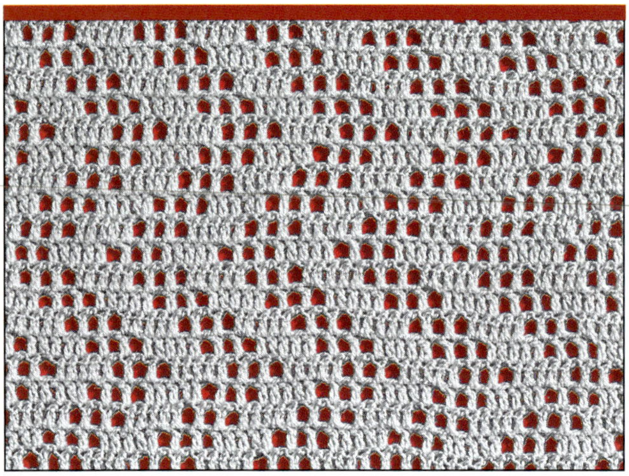

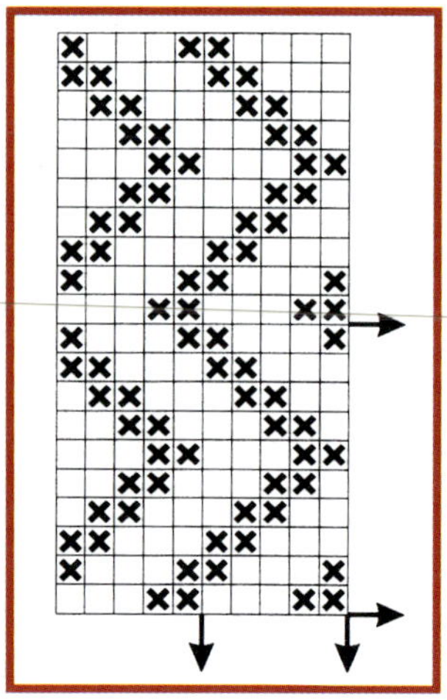

Mit einer Luft-M-Kette beginnen und nach dem Zählmuster arbeiten. In der ersten R für das 1. volle Karo in die 4. und 5. Anschlag-Luft-M häkeln, dann dem Zählmuster entsprechend in die Anschlag-Luft-M einstechen. Mit 3 Luft-M wenden. In allen folgenden R in die vollen M-Glieder einstechen. Mit 3 Luft-M wenden. In Breite und Höhe den Mustersatz innerhalb der Pfeile wiederholen.

Filetmuster 17

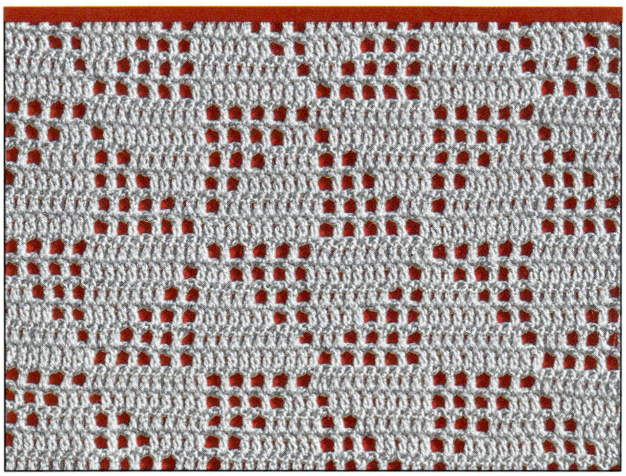

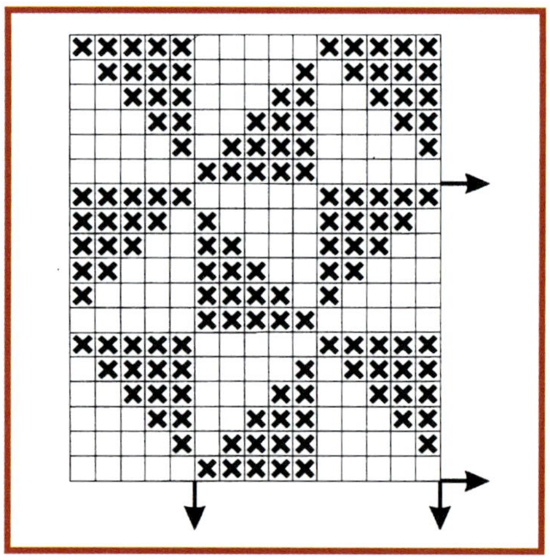

Mit einer Luft-M-Kette beginnen und nach dem Zählmuster arbeiten. In der ersten R für das 1. leere Karo in die 6. Anschlag-Luft-M, dann dem Zählmuster entsprechend in die Anschlag-Luft-M einstechen. Mit 3 Luft-M wenden. In allen folgenden R in die vollen M-Glieder einstechen. Mit 3 Luft-M wenden. In Breite und Höhe den Mustersatz innerhalb der Pfeile wiederholen.

Filetmuster 18

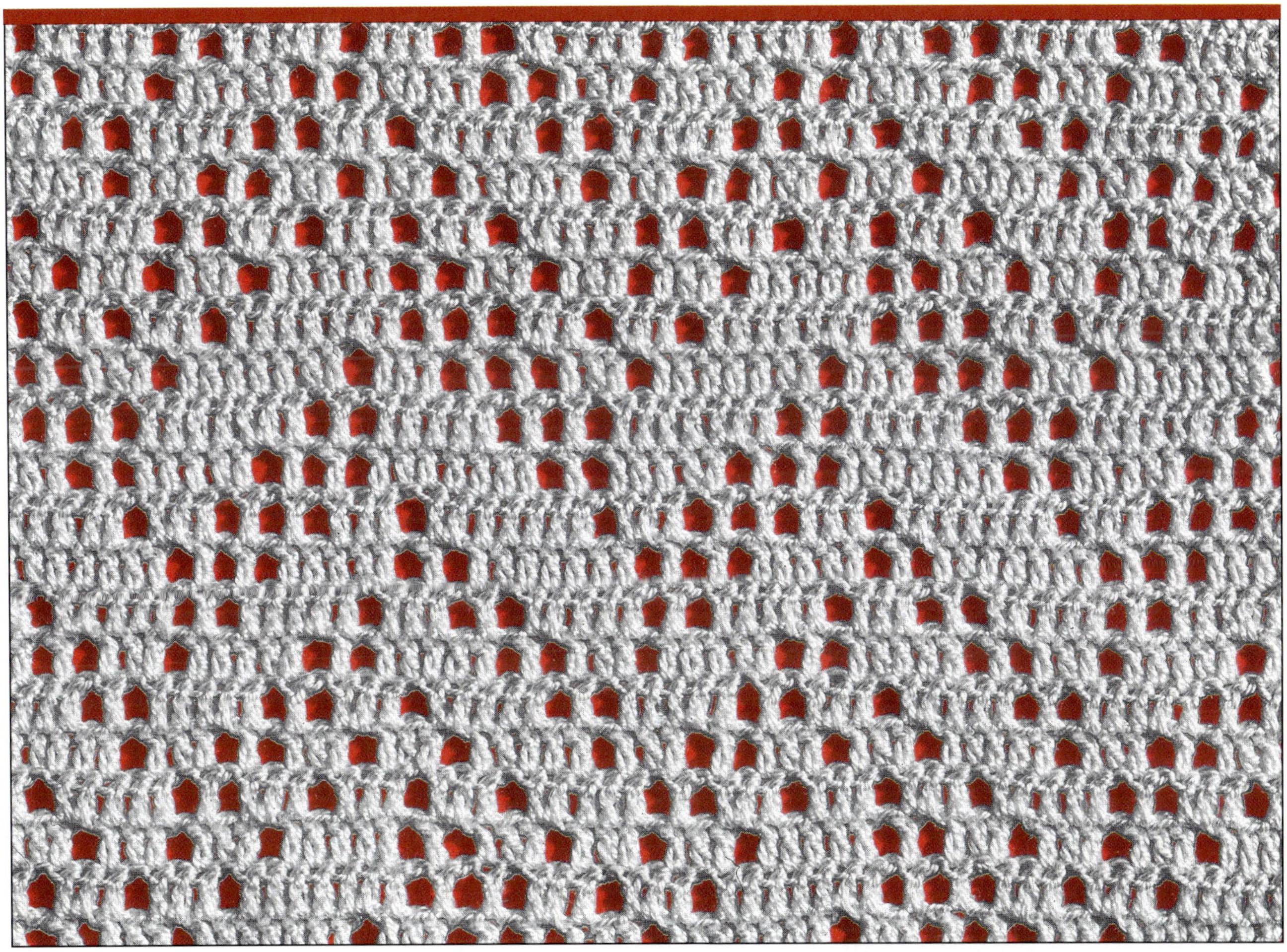

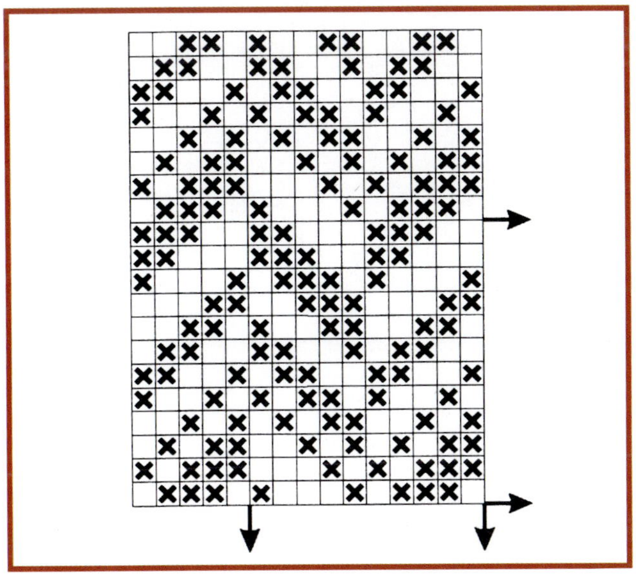

Mit einer Luft-M-Kette beginnen und nach dem Zählmuster arbeiten. In der ersten R für das 1. leere Karo in die 6. Anschlag-Luft-M, dann dem Zählmuster entsprechend in die Anschlag-Luft-M einstechen. Mit 3 Luft-M wenden. In allen folgenden R in die vollen M-Glieder einstechen. Mit 3 Luft-M wenden. In Breite und Höhe den Mustersatz innerhalb der Pfeile wiederholen.

Filetmuster 19

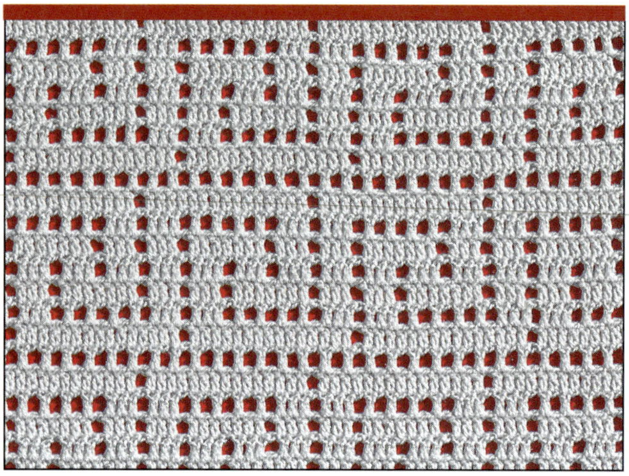

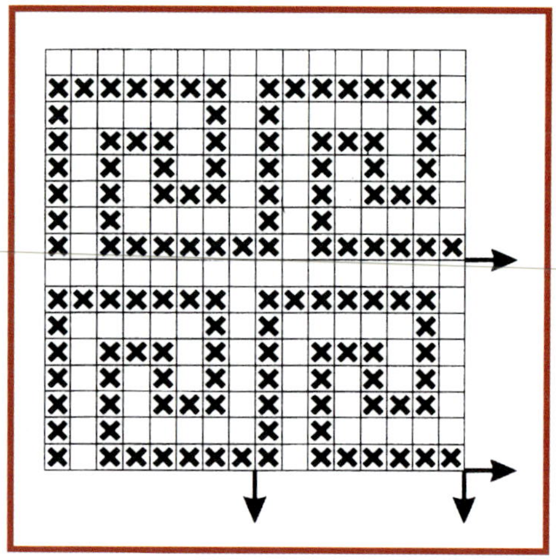

Mit einer Luft-M-Kette beginnen und nach dem Zählmuster arbeiten. In der ersten R für das 1. volle Karo die beiden Stäbchen in die 4. und 5. Anschlag-Luft-M häkeln, dann dem Zählmuster entsprechend in die Anschlag-Luft-M einstechen. Mit 3 Luft-M wenden. In allen folgenden R in die vollen M-Glieder einstechen.

Mit 3 Luft-M wenden. In Breite und Höhe den Mustersatz innerhalb der Pfeile wiederholen.

Filetmuster 20

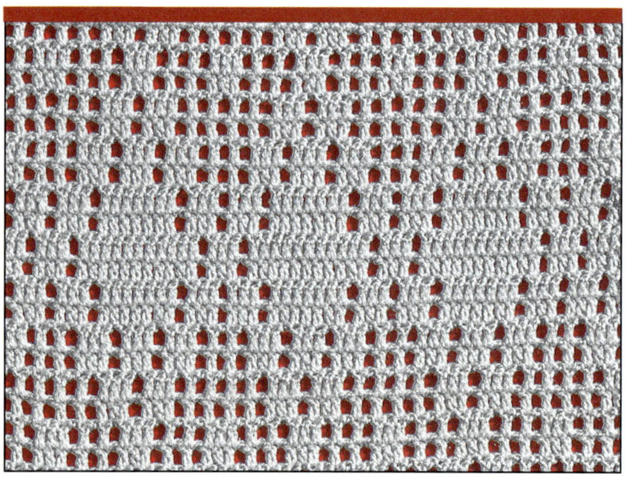

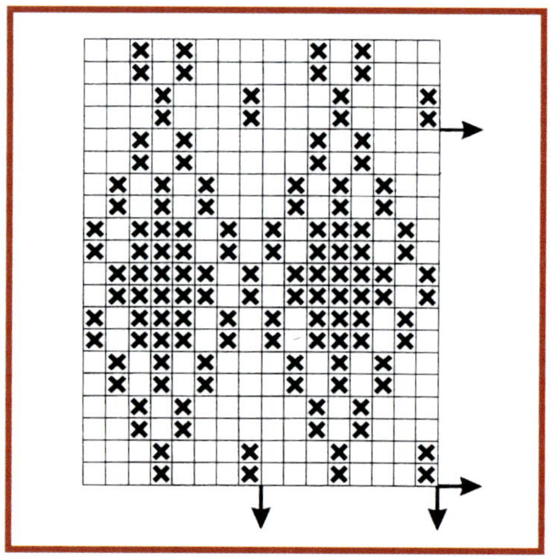

Mit einer Luft-M-Kette beginnen und nach dem Zählmuster arbeiten. In der ersten R für das 1. volle Karo die beiden Stäbchen in die 4. und 5. Anschlag-Luft-M häkeln, dann dem Zählmuster entsprechend in die Anschlag-Luft-M einstechen. Mit 3 Luft-M wenden. In allen folgenden R in die vollen M-Glieder einstechen.

Mit 3 Luft-M wenden. In Breite und Höhe den Mustersatz innerhalb der Pfeile wiederholen.

Filetmuster 21

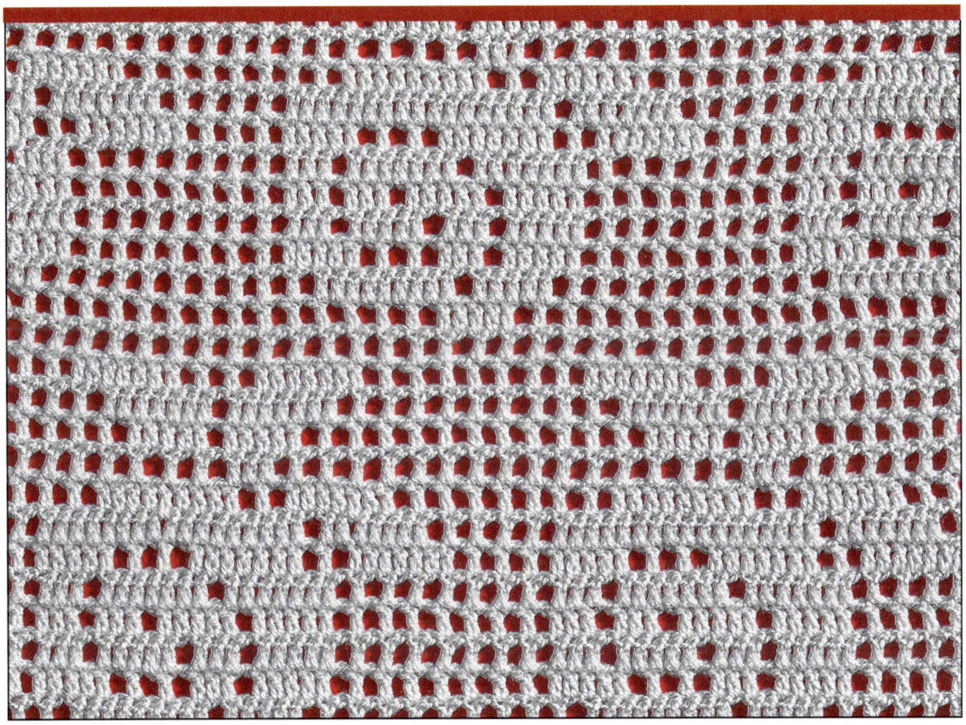

Mit einer Luft-M-Kette beginnen und nach dem Zählmuster arbeiten. In der ersten R für das 1. leere Karo in die 6. Anschlag-Luft-M, dann dem Zählmuster entsprechend in die Anschlag-Luft-M einstechen. Mit 3 Luft-M wenden. In allen folgenden R in die vollen M-Glieder einstechen. Mit 3 Luft-M wenden. In Breite und Höhe den Mustersatz innerhalb der Pfeile wiederholen.

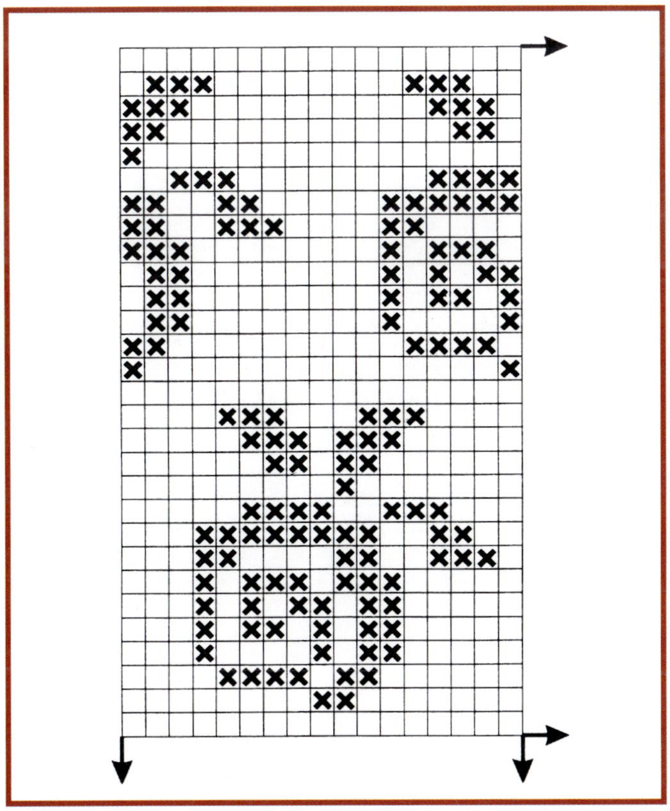

Spitzen

ache weiße
dtücher werden mit
er handgehäkelten
tze und üppigen
nsen zu wahren
nmuckstücken.

Spitze 1

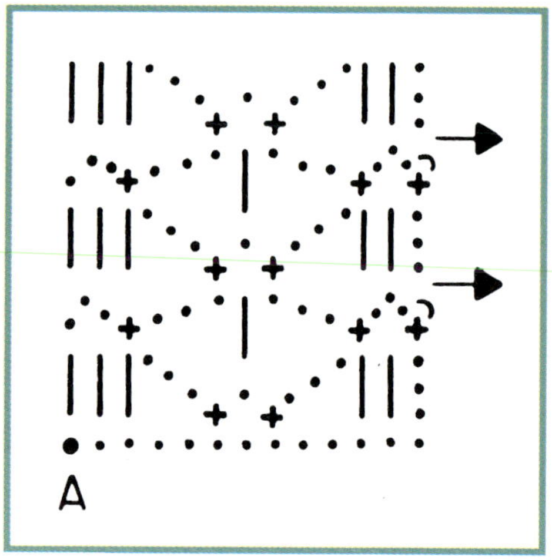

Bei A mit einer Luft-M-Kette beginnen. In der 1. R in die Anschlag-Luft-M, in allen folgenden R schemagemäß ins volle M-Glied bzw. um die Luft-M-Bogen greifend einstechen. In der Breite ist die ganze Spitze gegeben. In der Höhe die R innerhalb der Pfeile wiederholen.

Spitze 2

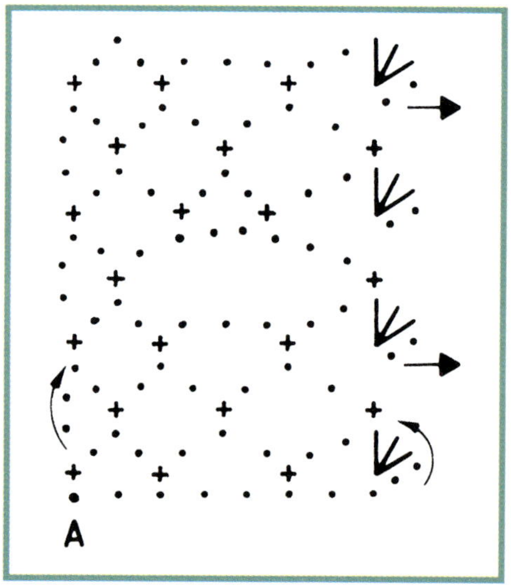

Bei A mit einer Luft-M-Kette beginnen. In der 1. R in die Anschlag-Luft-M, in allen folgenden R um den Luft-M-Bogen greifend einstechen. In der Breite ist die ganze Spitze gegeben. In der Höhe die R innerhalb der Pfeile wiederholen.

Spitze 3

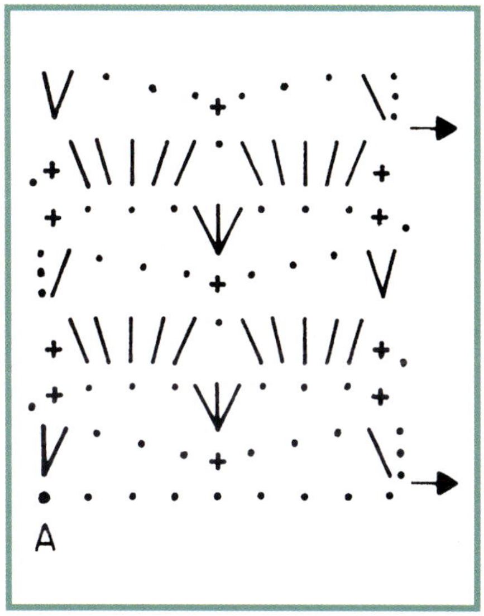

Bei A mit einer Luft-M-Kette beginnen. In der 1. R in die Anschlag-Luft-M, in allen folgenden R schemagemäß ins volle M-Glied bzw. um die Luft-M-Bogen greifend einstechen. In der Breite ist die ganze Spitze gegeben. In der Höhe die R innerhalb der Pfeile wiederholen.

Spitze 4

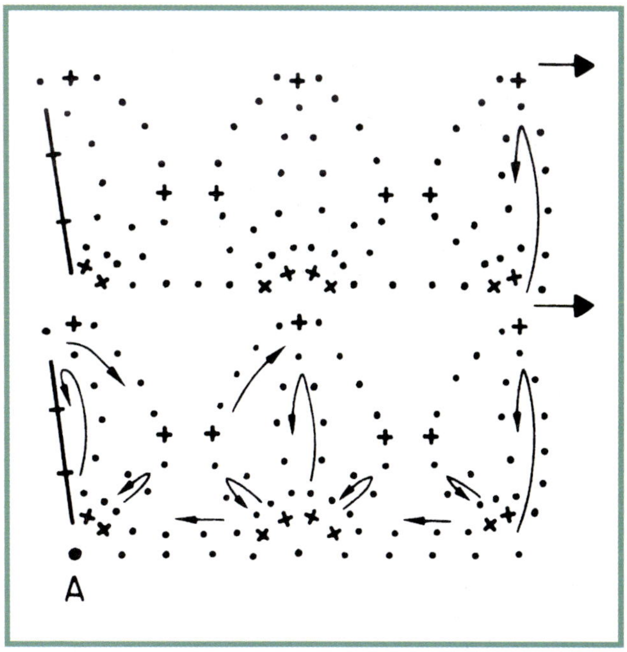

Bei A mit einer Luft-M-Kette beginnen. In der 1. R in die Anschlag-Luft-M, in allen folgenden R schemagemäß ins volle M-Glied bzw. um die Luft-M-Bogen greifend einstechen. In der Breite ist die ganze Spitze gegeben. In der Höhe die R innerhalb der Pfeile wiederholen. Die kleinen Pfeile geben die Richtung für die Luft-M-Bogen an.

Spitze 5

Bei A mit einer Luft-M-Kette beginnen. In der 1. R in die Anschlag-Luft-M, in allen folgenden R um den Luft-M-Bogen greifend häkeln. In der Höhe ist die ganze Spitze gegeben. In der Breite die M innerhalb der Pfeile wiederholen.

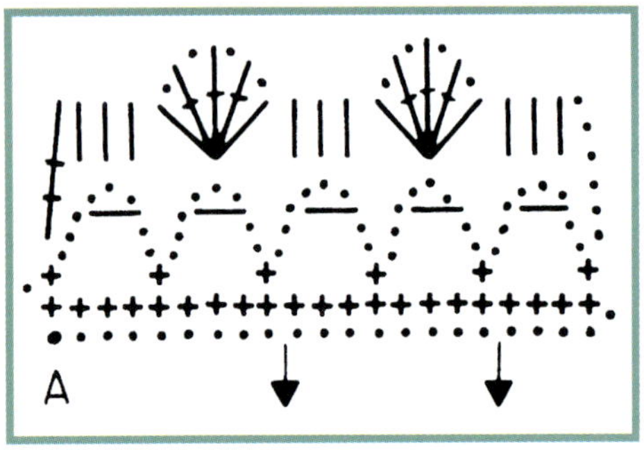

Spitze 6

Bei A mit einer Luft-M-Kette beginnen. In der 1. R in die Anschlag-Luft-M, in allen folgenden R ins volle M-Glied einstechen. Nur für die Stäbchen der 2. R um den Luft-M-Bogen greifend einstechen. Für ein Pikot 3 Luft-M bilden und zurückgehend in die zusammen abgemaschten Stäbchen 1 Ketten-M häkeln. In der Höhe ist die ganze Spitze gegeben. In der Breite die M innerhalb der Pfeile wiederholen.

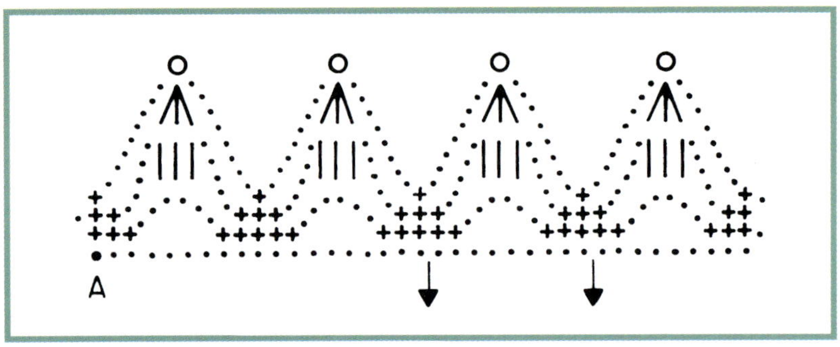

Spitze 7

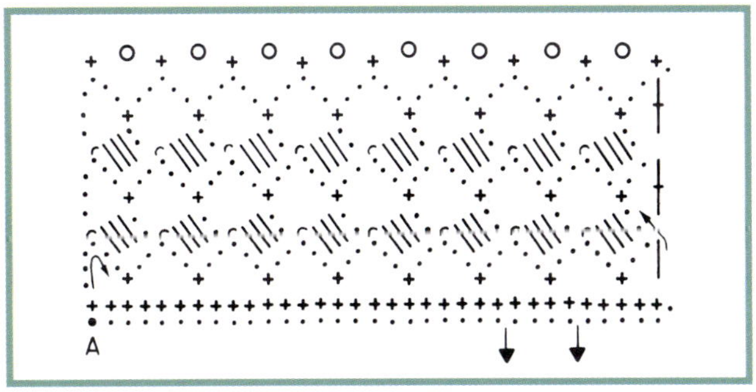

Bei A mit einer Luft-M-Kette beginnen. In der 1. R in die Anschlag-Luft-M, in allen folgenden R ins volle M-Glied einstechen. Nur die schrägen Stäbchen der 3. und 5. R um den Luft-M-Bogen greifend einstechen. Für ein Pikot 4 Luft-M bilden, zurückgehend in die 1. Luft-M 1 feste M häkeln. In der Höhe ist die ganze Spitze gegeben. In der Breite die M innerhalb der Pfeile wiederholen.

Spitze 8

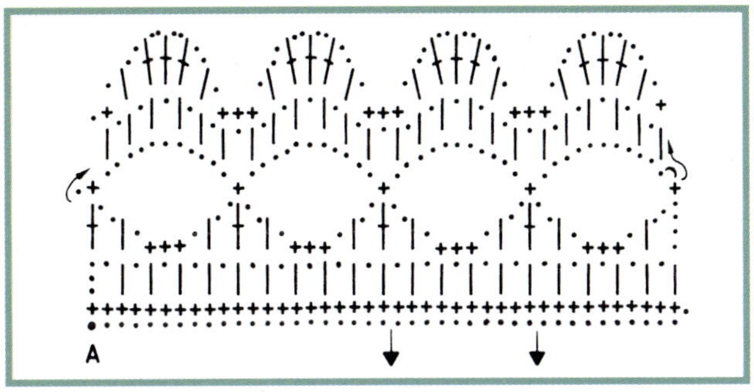

Bei A mit einer Luft-M-Kette beginnen. In der 1. R in die Anschlag-Luft-M, in allen folgenden R ins volle M-Glied einstechen. In der Höhe ist die ganze Spitze gegeben. In der Breite die M innerhalb der Pfeile wiederholen.

Spitze 9

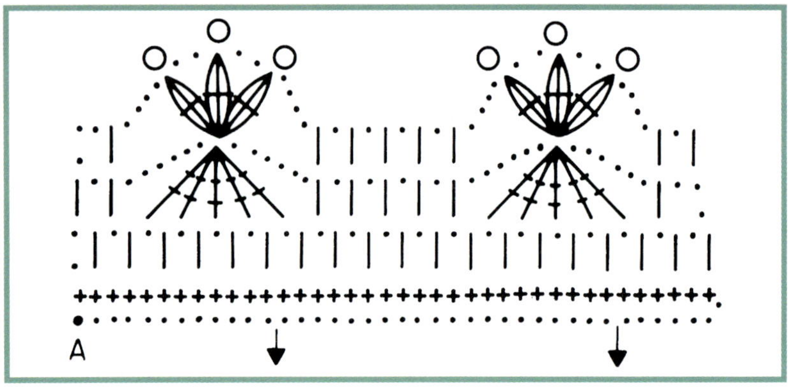

Bei A mit einer Luft-M-Kette beginnen. In der 1. R in die Anschlag-Luft-M, in allen folgenden R ins volle M-Glied einstechen. Nur in der 3. R um die Luft-M greifend arbeiten. Für ein Pikot 4 Luft-M bilden und zurückgehend in die zusammen abgemaschten Doppelstäbchen 1 Ketten-M häkeln. In der Höhe ist die ganze Spitze gegeben. In der Breite die M innerhalb der Pfeile wiederholen.

Spitze 10

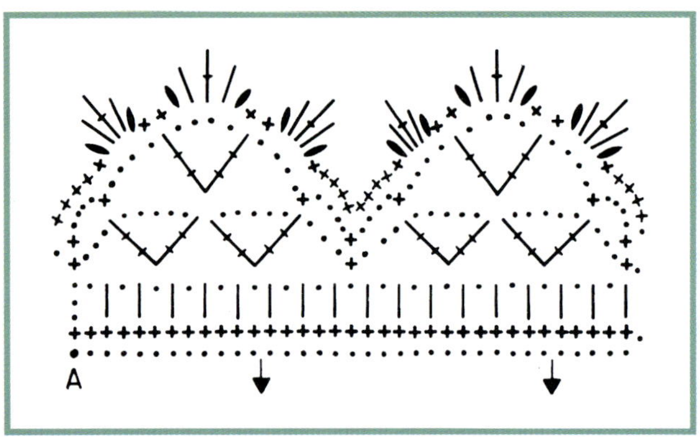

Bei A mit einer Luft-M-Kette beginnen. In der 1. R in die Anschlag-Luft-M, in allen folgenden R ins volle M-Glied einstechen. Nur in der 3. R um die Luft-M greifend einstechen. In der 4. R zwischen die Dreifach-Stäbchen einstechen. In der Höhe ist die ganze Spitze gegeben. In der Breite die M innerhalb der Pfeile wiederholen.

Spitze 11

Bei A mit einer Luft-M-Kette beginnen. In der 1. R in die Anschlag-Luft-M, in allen folgenden R ins volle M-Glied einstechen. Nur die festen M der 5. R um den Luft-M-Bogen greifend einstechen. In der Höhe ist die ganze Spitze gegeben. In der Breite die M innerhalb der Pfeile wiederholen.

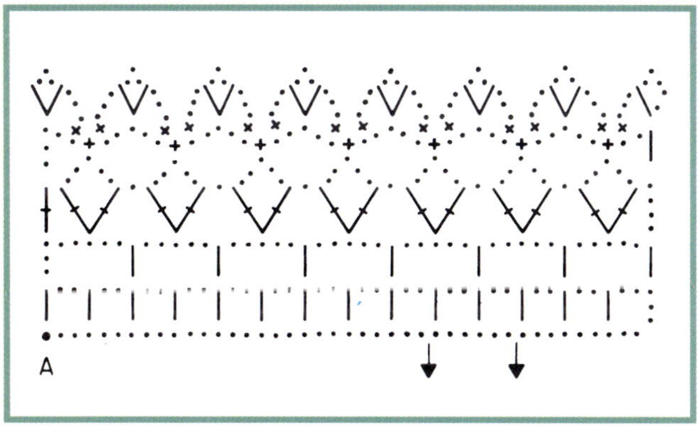

Spitze 12

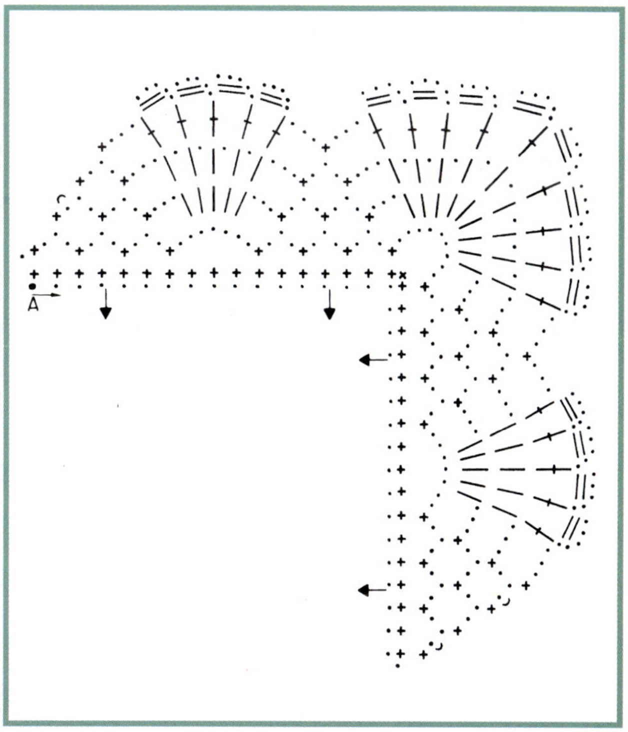

Bei A mit einer Luft-M-Kette beginnen. In der 1. R in die Anschlag-Luft-M, in allen folgenden R ins volle M-Glied einstechen. Nur die Stäbchen der 3. R um die Luft-M-Bogen greifend einstechen. In der Höhe ist die ganze Spitze gegeben. In der Breite jeweils die M innerhalb der Pfeile wiederholen. Zusätzlich ist die Eckbildung gegeben.

Spitze 13

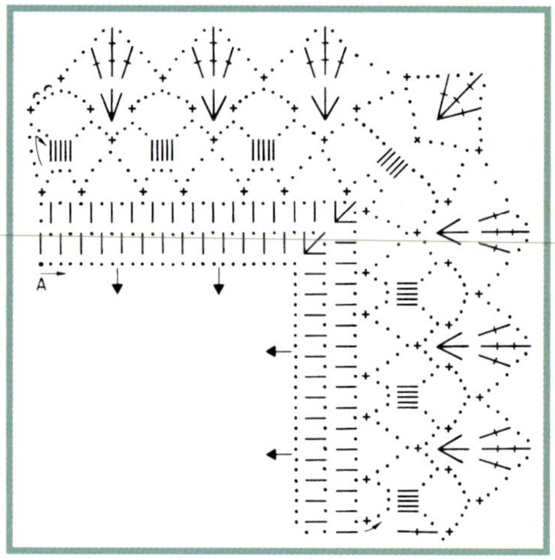

Bei A mit einer Luft-M-Kette beginnen. In der 1. R in die Anschlag-Luft-M, in der 2. R, 3. R und 4. R um die Luft-M greifend einstechen. In der 5. R und 6. R ins volle M-Glied einstechen. In der Höhe ist die ganze Spitze gegeben. In der Breite jeweils die M innerhalb der Pfeile wiederholen. Zusätzlich ist die Eckbildung gegeben.

Spitze 14

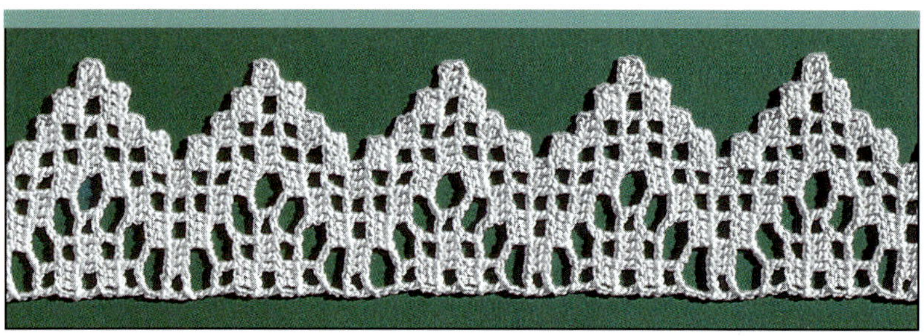

Bei A mit einer Luft-M-Kette beginnen. In der 1. R in die Anschlag-Luft-M, in allen folgenden R ins volle M-Glied einstechen. Für das Verlängern der R am Ende der Rück-R jeweils 1 U bilden, in den Einstichpunkt des vorhergehenden Stäbchens einstechen, 1 Luft-M bilden und darauf das folgende Stäbchen häkeln (Zeichnung 1).
Jedes weitere Stäbchen in die neugebildete Luft-M häkeln (Zeichnung 2).
In der Breite ist die ganze Spitze gegeben. In der Höhe die R innerhalb der Pfeile wiederholen.

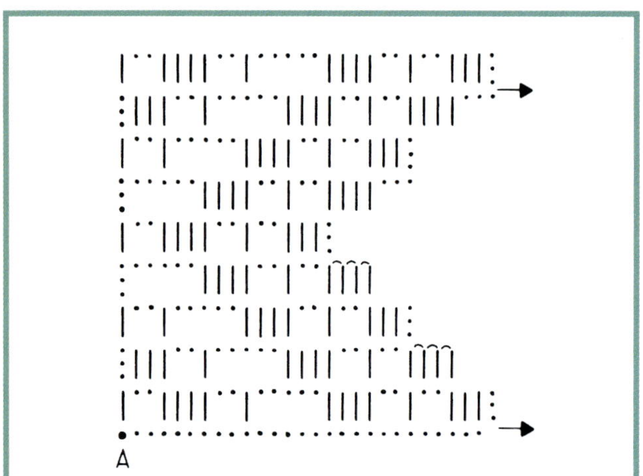

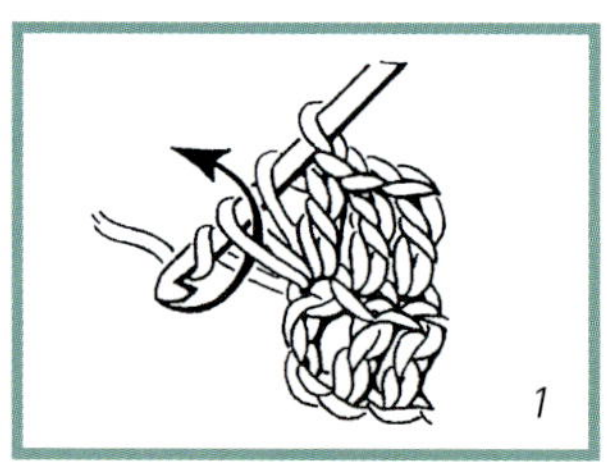
1

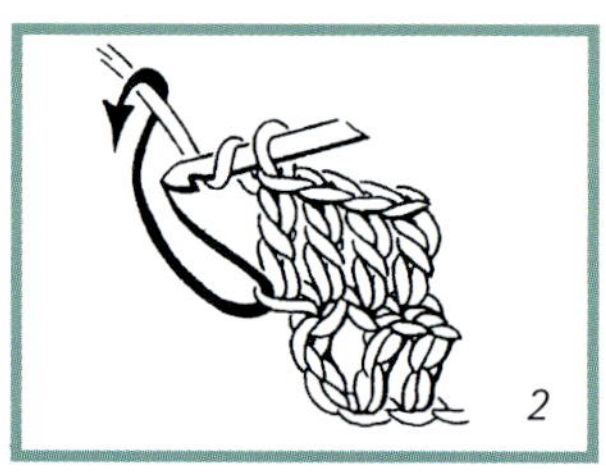
2

Spitze 15

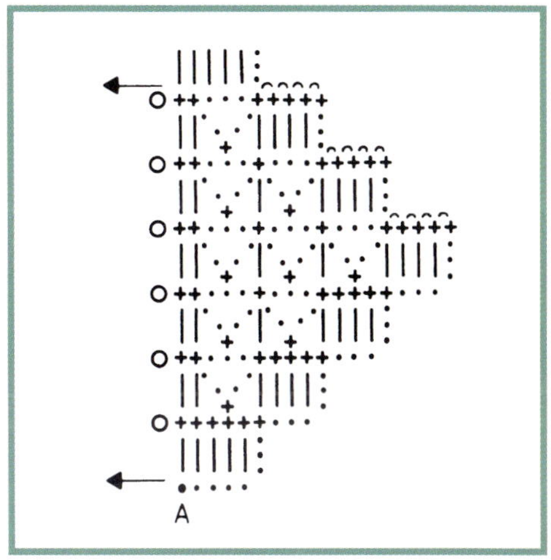

Bei A mit einer Luft-M-Kette beginnen. In der 1. R in die Anschlag-Luft-M, in allen folgenden R schemagemäß ins volle M-Glied bzw. um die Luft-M-Bogen greifend einstechen. In der Breite ist die ganze Spitze gegeben.

In der Höhe die R innerhalb der Pfeile wiederholen. Mit dem Pikot jeweils zur nächsten R wenden. Dafür 3 Luft-M bilden, wenden und in das letzte Stäbchen der vorhergehenden R 1 feste M häkeln.

Filetspitze 1

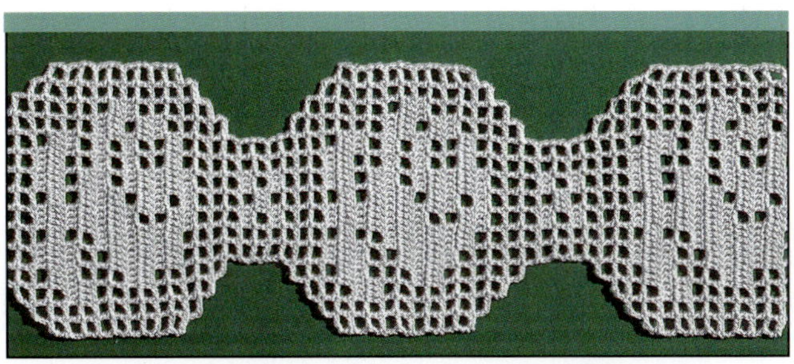

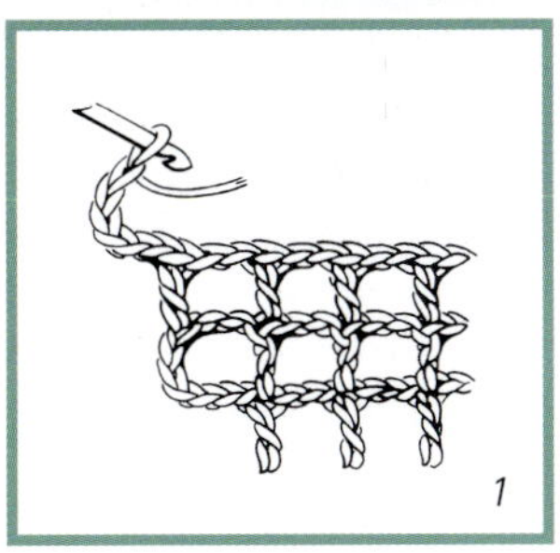

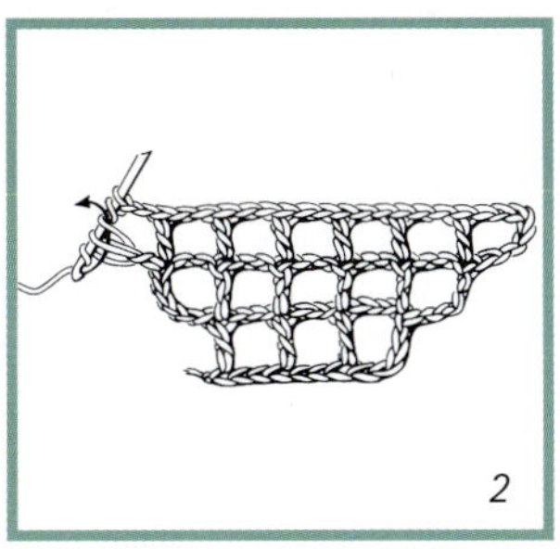

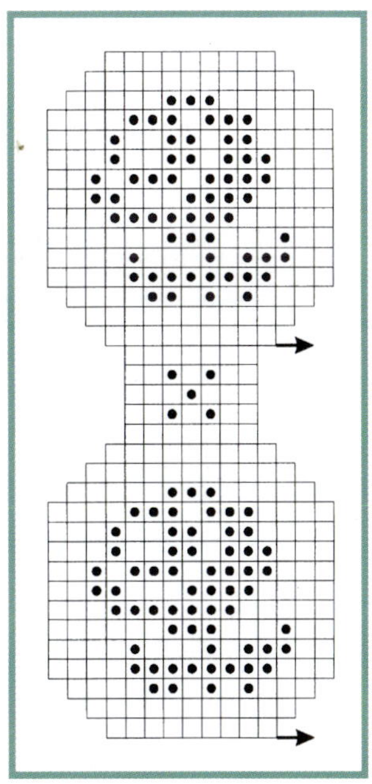

□ 1 Stäbchen und 2 Luft-M

⊡ 3 Stäbchen

Mit einer Luft-M-Kette beginnen (28 Luft-M + 5 Wende-Luft-M). In der 1. R in die Anschlag-Luft-M, in allen folgenden R ins volle M-Glied einstechen. Für das Verlängern der R am Anfang jeder R mit 7 Luft-M wenden (Zeichnung 1) und am Ende jeder R 2 Luft-M bilden und 1 Dreifachstäbchen in den Einstichpunkt des letzten Stäbchens häkeln (Zeichnung 2). An den geraden Rändern jeweils mit 5 Luft-M wenden. Für das Verkürzen der R am Anfang jeder R 3 Ketten-M und 5 Luft-M häkeln, am Ende jeder R 3 M stehenlassen. In der Breite ist die ganze Spitze gegeben. In der Höhe die R innerhalb der Pfeile wiederholen.

Filetspitze 2

Mit einer Luft-M-Kette beginnen (31 Luft-M + 4 Wende-Luft-M). In der 1. R in die Anschlag-Luft-M, in allen folgenden R ins volle M-Glied einstechen. Jeweils mit 4 Luft-M zur nächsten R klettern. Diese Luft-M beim Dämpfen mit Stecknadeln zum Randbogen dehnen. In der Breite ist die ganze Spitze gegeben. In der Höhe die R innerhalb der Pfeile wiederholen.

□ 1 Stäbchen und 2 Luft-M

● 3 Stäbchen

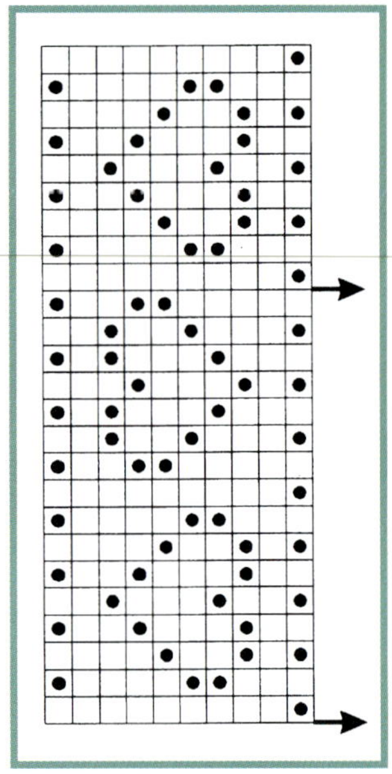

Filetspitze 3

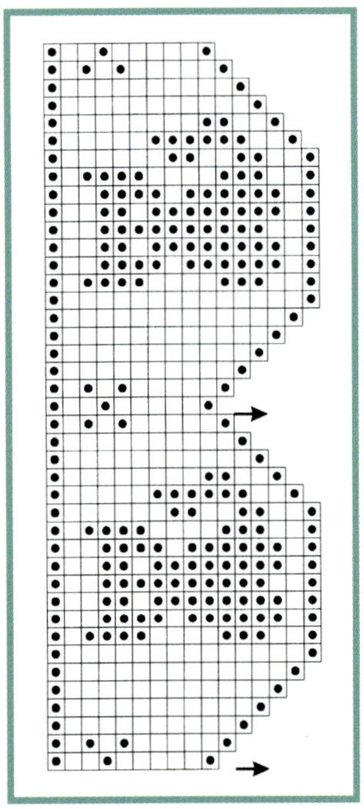

□ 1 Stäbchen und 2 Luft-M

● 3 Stäbchen

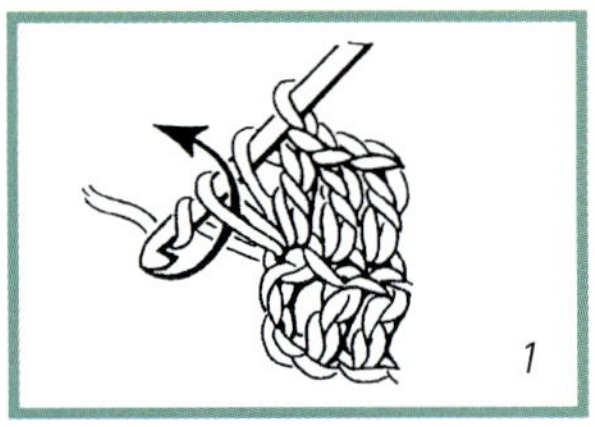

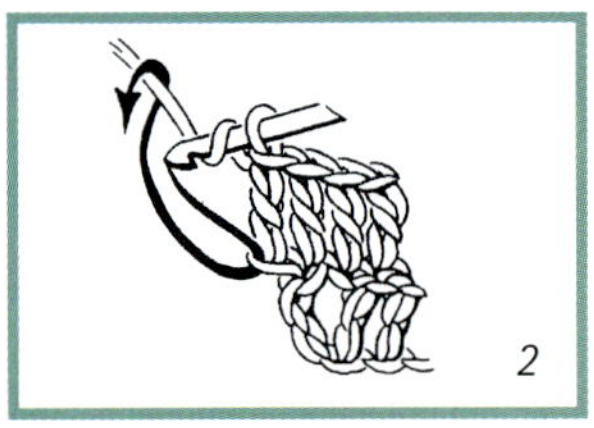

Mit einer Luft-M-Kette beginnen (31 Luft-M + 3 Wende-Luft-M). In der 1. R in die Anschlag-Luft-M, in allen folgenden R ins volle M-Glied einstechen. Am geraden Rand jeweils mit 3 Luft-M zur nächsten R klettern. Für das Verlängern der R am Ende jeder Rück-R 1 U bilden, in den Einstichpunkt des vorhergehenden Stäbchens einstehen, 1 Luft-M bilden und darauf das folgende Stäbchen häkeln (Zeichnung 1). Jedes weitere Stäbchen in die neugebildete Luft-M häkeln (Zeichnung 2). Für das Verlängern der R am Anfang jeder Hin-R 5 Luft-M bilden, zurückgehend in die 2. und dann in die 1. Luft-M 1 Stäbchen häkeln. Dann entsprechend dem Zählmuster weiterarbeiten. Für das Verkürzen der R am Ende jeder Rück-R 3 M stehenlassen. Die Arbeit wenden. Am Anfang jeder Hin-R 3 Ketten-M häkeln, 2 Luft-M bilden und 2 Stäbchen in die unteren Luft-M häkeln. Dann entsprechend dem Zählmuster weiterarbeiten. In der Breite ist die ganze Spitze gegeben. In der Höhe die R innerhalb der Pfeile wiederholen.

Häkelspitze mit verknüpften Fransen

Handtuch S. 60/61 rechts

1

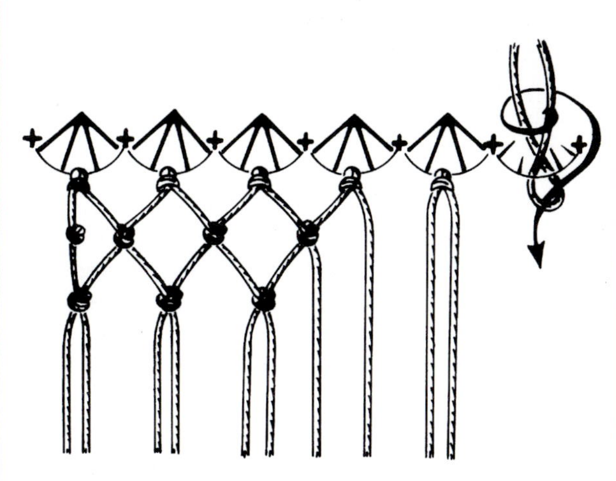

2

Material: etwa 100 g Baumwollgarn, Lauflänge: 50 g = 235 m, eine Garnhäkelnadel Nr. 6.

Gittermuster: siehe Schema 1. Bei A mit einer Luft-M-Kette beginnen. In der 1. R in die Anschlag-Luft-M, in allen folgenden R ins volle M-Glied einstechen. In der Breite den Mustersatz innerhalb der Pfeile wiederholen, die M außerhalb der Pfeile nur am Anfang und Ende der R häkeln. In der Höhe ist die ganze Spitze gegeben.

M-Probe: 50 M (für den MA), 28 M (für das Gittermuster) = 10 cm / 12 R = 7 cm.

Häkelspitze: MA = je 52 cm (260 Luft-M). Im Gittermuster häkeln. Die Spitze an einer oder an beiden Handtuchschmalseiten annähen. In jeden Bogen eine vierfache etwa 14 cm lange Franse einknüpfen. Die Fransen der Schemazeichnung 2 entsprechend verknoten.

Häkelspitze mit Bögen

Handtuch S. 60/61 Mitte

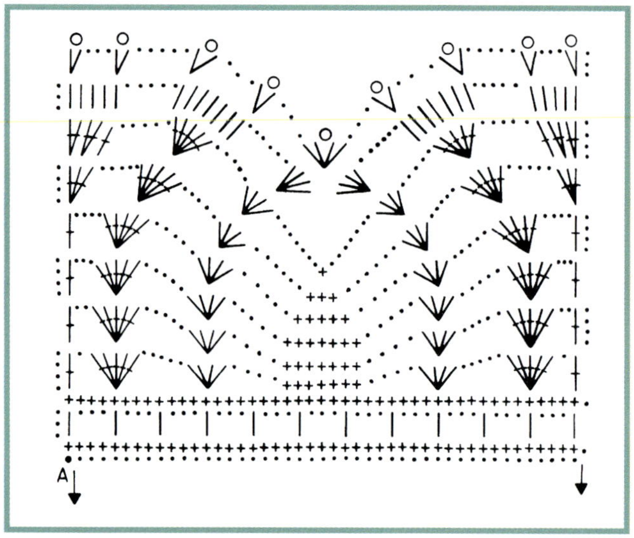

Material: etwa 100 g Baumwollgarn, Lauflänge: 50 g = 235 m, eine Garnhäkelnadel Nr. 6.

Bogenmuster: siehe Schema. Bei A mit einer Luft-M-Kette beginnen. In der 1. R in die Anschlag-Luft-M, in allen folgenden R ins volle M-Glied bzw. zwischen 2 Stäbchen greifend einstechen. In der 3. R um die Luft-M greifend häkeln.

In der Breite den Mustersatz innerhalb der Pfeile wiederholen, die M außerhalb der Pfeile nur am Anfang und Ende der R häkeln. In der Höhe ist die ganze Spitze gegeben. Für ein Pikot 5 Luft-M bilden und zurückgehend in die 1. Luft-M 1 feste M häkeln.

M-Probe: 34 M = 10 cm / 11 R = 9 cm.

Häkelspitze: MA = je 52 cm (178 Luft-M).

Im Bogenmuster häkeln. Die Spitze an einer oder an beiden Handtuchschmalseiten annähen. In jedes Pikot eine achtfache etwa 10 cm lange Franse einknüpfen (siehe Zeichnung links).

Häkelspitze mit Zacken

Handtuch S. 60/61 links

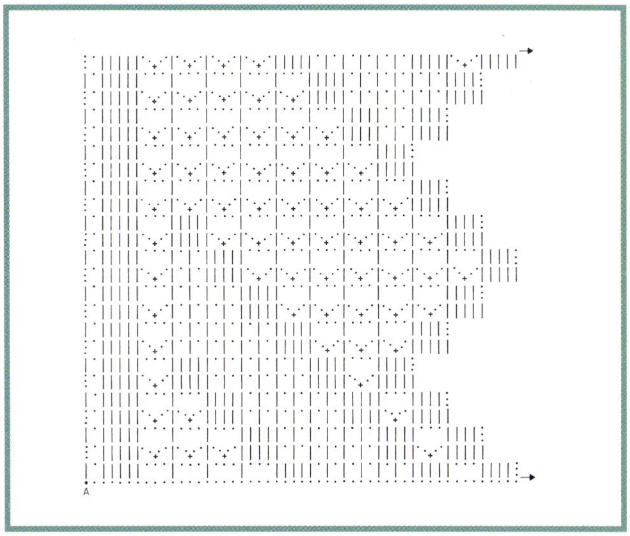

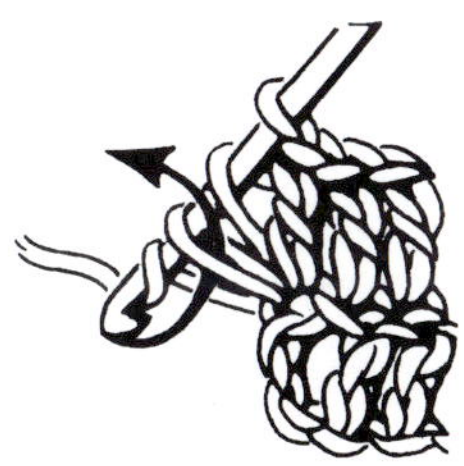

1

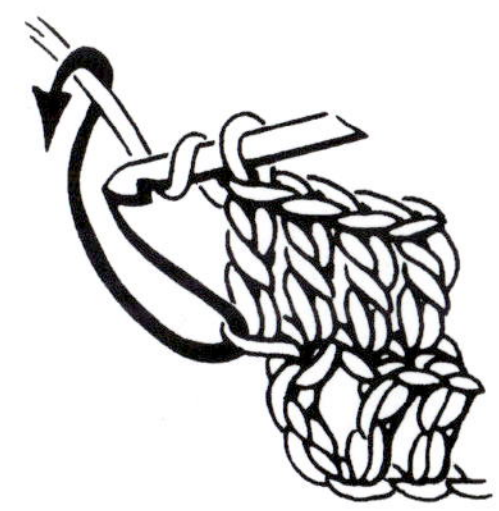

2

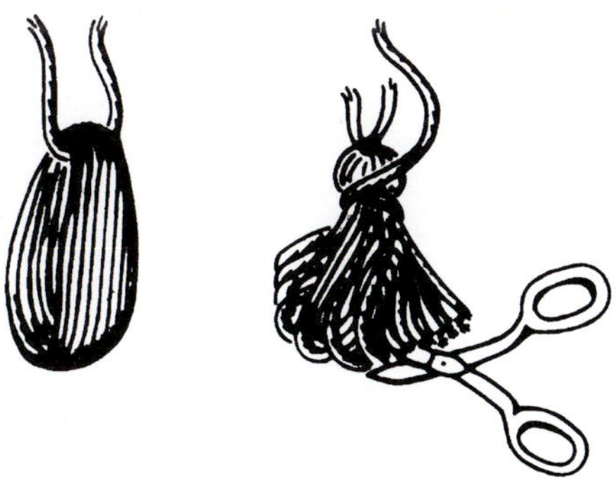

3

Material: etwa 100 g Baumwollgarn, Lauflänge 50 g = 235 m, eine Garnhäkelnadel Nr. 6.

Zackenmuster: siehe Schema. Bei A mit einer Luft-M-Kette beginnen. In der 1. R. in die Anschlag-Luft-M, in allen folgenden R ins volle M-Glied einstechen. In der Breite ist die ganze Spitze gegeben. In der Höhe den Mustersatz innerhalb der Pfeile wiederholen.

M-Probe: 51 M = 12,5 cm / 16 R = 10 cm.

Häkelspitze: MA = je 12,5 cm (54 Luft-M). Im Zackenmuster 52 cm (84 R) häkeln. Für das Verlängern der R jeweils 1 U bilden, in den Einstichpunkt des vorhergehenden Stäbchens einstechen, 1 Luft-M bilden und darauf das folgende Stäbchen häkeln (Zeichnung 1). Jedes weitere Stäbchen in die neugebildete Luft-M häkeln (Zeichnung 2). An jeder Zacke aus zehnfachem Garn eine etwa 14 cm lange Quaste (Zeichnung 3) befestigen. Die Spitzen an den Handtuchschmalseiten annähen.

Taschentuchspitzen

Ein Taschentuch mit romantischer Spitze, dekorativ in die Brusttasche gesteckt, verleiht zum Beispiel einem strengen Blazer Charme.

Filetspitze mit Pikotkäntchen

Bei A den Faden anschlingen und in die Löcher vom Taschentuchrand in Pfeilrichtung feste M häkeln. Jede Seite = 198 feste M, jede Ecke = 3 feste M. Alle Rd mit einer Ketten-M schließen. In der 2. Rd in die vollen M-Glieder der festen M, in den folgenden Rd in die vollen M-Glieder der Stäbchen und um die Luft-M greifend einstechen. Für ein Pikot 4 Luft-M häkeln und zurückgehend in die erste Luft-M eine feste M arbeiten. Den Mustersatz innerhalb der Pfeile wiederholen. Zusätzlich ist die Eckbildung gegeben.

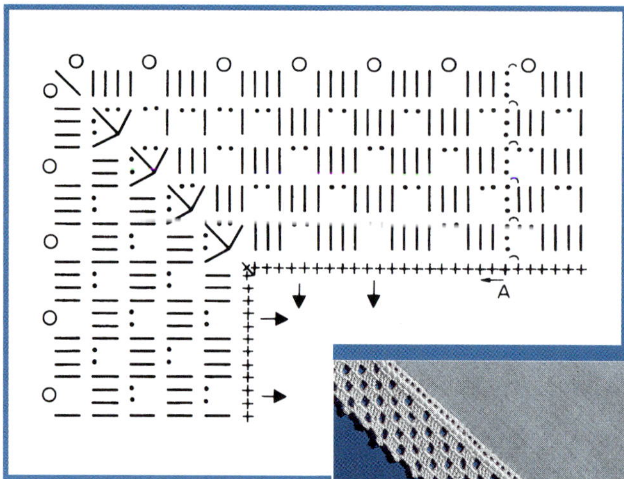

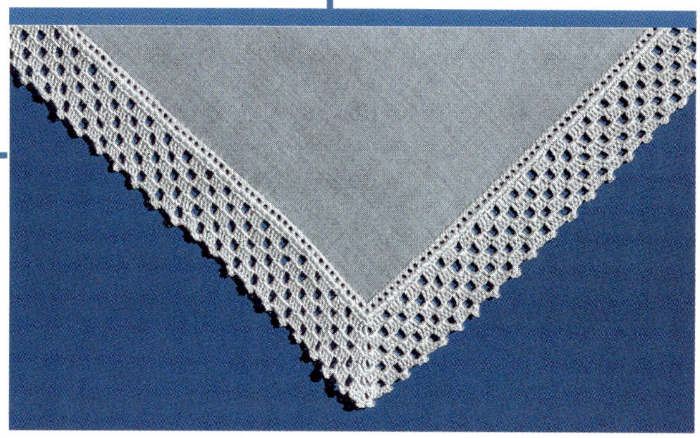

Spitze mit Blütenkante

Bei A den Faden anschlingen und in die Löcher vom Taschentuchrand in Pfeilrichtung feste M häkeln. Jede Seite = 123 feste M, jede Ecke = 3 feste M. Alle Rd mit einer Ketten-M schließen. In den folgenden 6 Rd in die vollen M-Glieder einstechen. In der letzten Rd in die vollen M-Glieder der Stäbchen und um die Luft-M greifend häkeln. Den Mustersatz innerhalb der Pfeile wiederholen. Zusätzlich ist die Eckbildung gegeben.

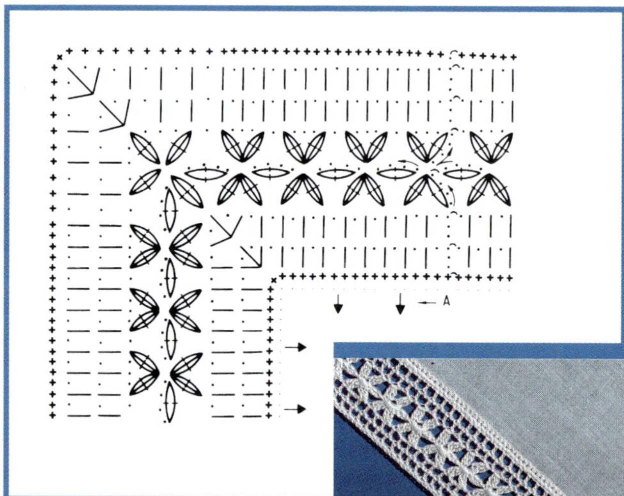

Spitze mit Bogenkante

Bei A den Faden anschlingen und in die Löcher vom Taschentuchrand in Pfeilrichtung feste M häkeln. Jede Seite = 129 feste M, jede Ecke = 3 feste M. Alle Rd mit einer Ketten-M schließen. In der 2. Rd in die vollen M-Glieder der festen M, in den folgenden Rd in die vollen M-Glieder der Doppelstäbchen und um die Luft-M greifend einstechen. Nur in der 4. Rd die festen M zwischen die zwei unteren Doppelstäbchen häkeln. Den Mustersatz innerhalb der Pfeile wiederholen. Zusätzlich ist die Eckbildung gegeben.

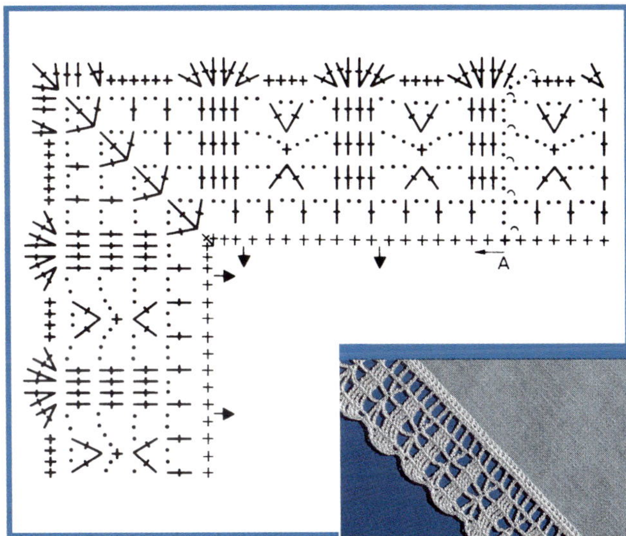

Muschelspitze

Bei A den Faden anschlingen und in die Löcher vom Taschentuchrand in Pfeilrichtung feste M häkeln. Jede Seite = 159 feste M, jede Ecke = 3 feste M. Alle Rd mit einer Ketten-M schließen. In der 2. Rd in die vollen M-Glieder der festen M einstechen. In den folgenden Rd in die vollen M-Glieder der Doppelstäbchen und um die Luft-M greifend einstechen. Den Mustersatz innerhalb der Pfeile wiederholen. Zusätzlich ist die Eckbildung gegeben.

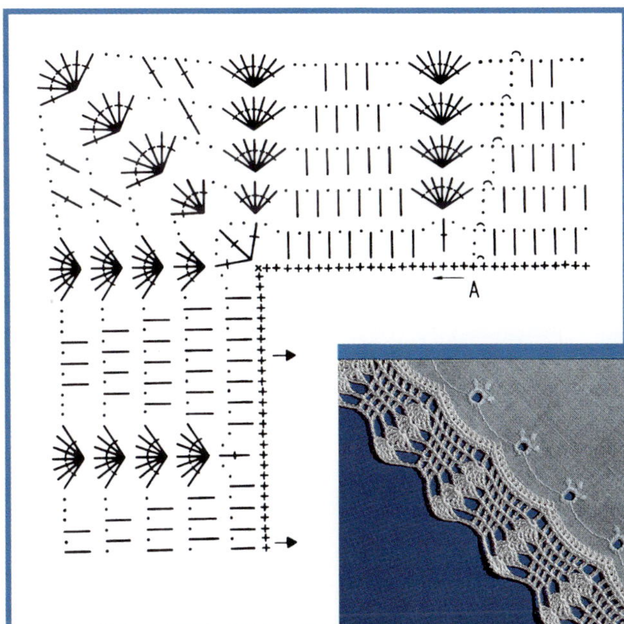

Filetspitze mit Dreieckmotiv

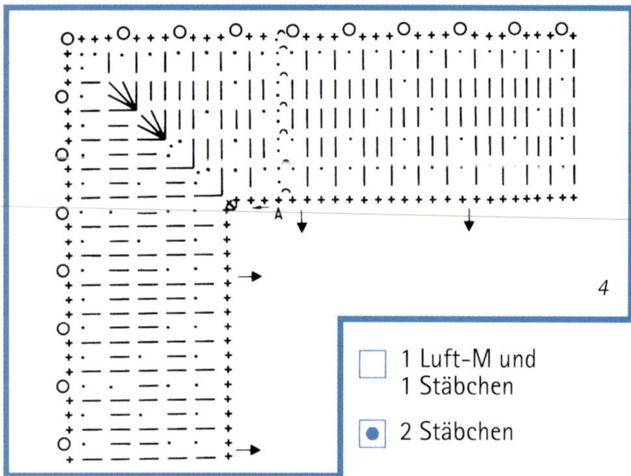

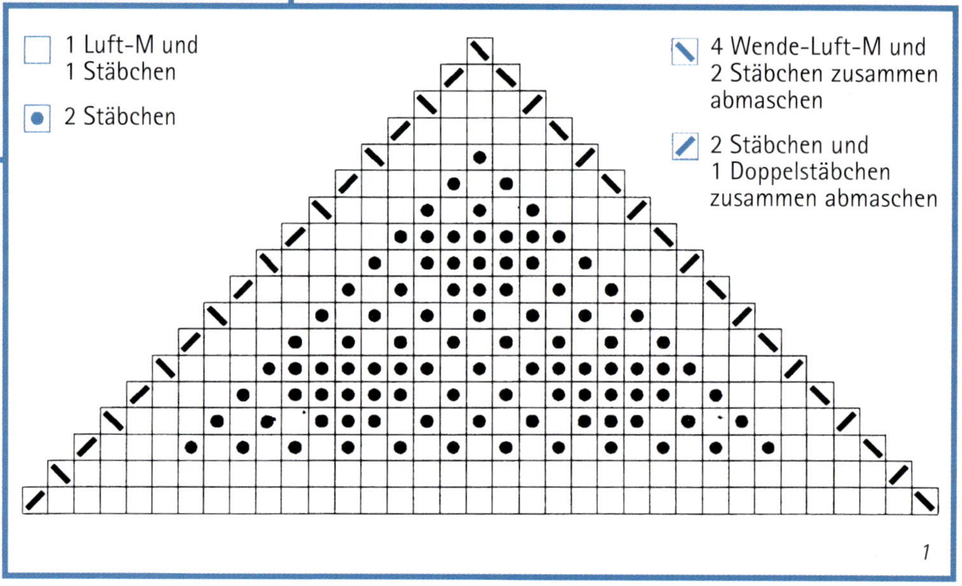

Zunächst das Eckmotiv an die fehlende Ecke des Taschentuchs häkeln. Mit 71 festen M beginnen und nach dem Zählmuster 1 arbeiten. Beidseitig in jeder R 2 M abnehmen. Schema 2 und 3 zeigen die Abnehmestellen am Anfang und Ende der R. Anschließend die Spitze nach dem Schema 4 anhäkeln. Bei A beginnen und jede Rd mit einer Ketten-M schließen. Jede Seite = 143 feste M, jede Ecke = 3 feste M. An den Motivrändern jeweils um die Wende-Luft-M und um die Doppelstäbchen 3 feste M arbeiten. In den folgenden Rd in die vollen M-Glieder und um die Luft-M greifend einstechen. Den Mustersatz innerhalb der Pfeile wiederholen. Zusätzlich ist die Eckbildung gegeben.

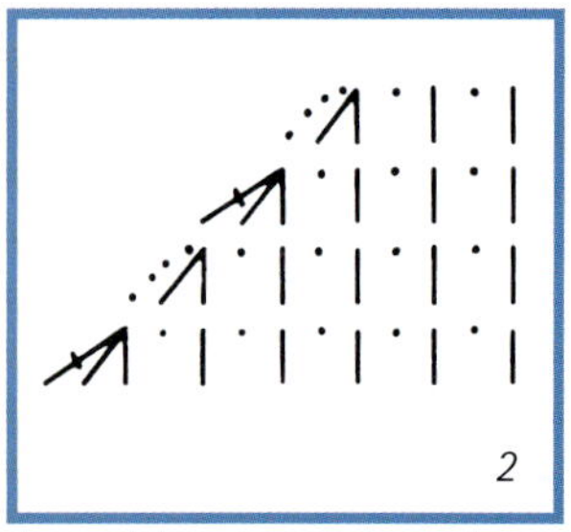

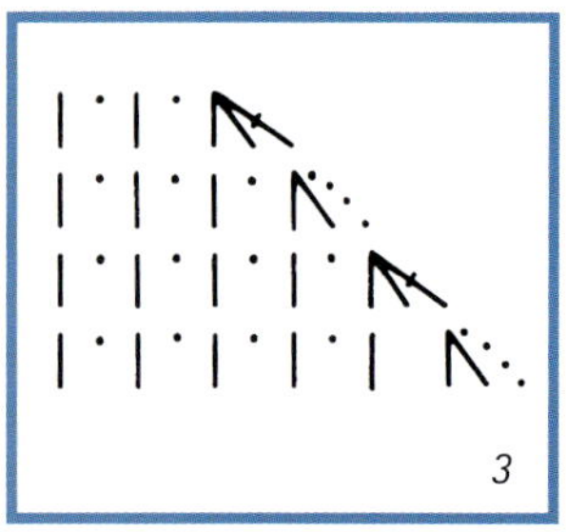

Spitze mit quadratischem Motiv

Zunächst um das Taschentuch eine Rd feste M häkeln. Jede Außenseite muß durch 3 teilbar sein. Zusätzlich an den äußeren Ecken 3 feste M, an der inneren Ecke 1 feste M in einen Einstichpunkt arbeiten.

Das Motiv nach Schema 1 häkeln. Bei A mit 8 Luft-M beginnen. Mit einer Ketten-M zur Rd schließen. Das Schema gibt ab 2. Rd ein halbes Motiv mit 2 Eckbildungen und den Rundenübergang. In die vollen M-Glieder und um die Luft-M greifend einstechen. Das fertige Motiv der Taschentuchecke einsetzen. Dafür die Ränder von rechts mit festen M aneinanderhäkeln. Anschließend die Spitze nach dem Schema 2 anhäkeln. Bei A den Faden mit einer Ketten-M anschlingen und 3 Luft-M häkeln, um die Höhe des Doppelstäbchens zu erreichen.

In Pfeilrichtung die Arbeit fortsetzen. In der ersten Rd in jede 3. feste M des Taschentuchrandes, am Motiv in die vollen M-Glieder der Stäbchen und Doppelstäbchen einstechen. Den Mustersatz innerhalb der Pfeile wiederholen. Zusätzlich ist die Eckbildung gegeben.

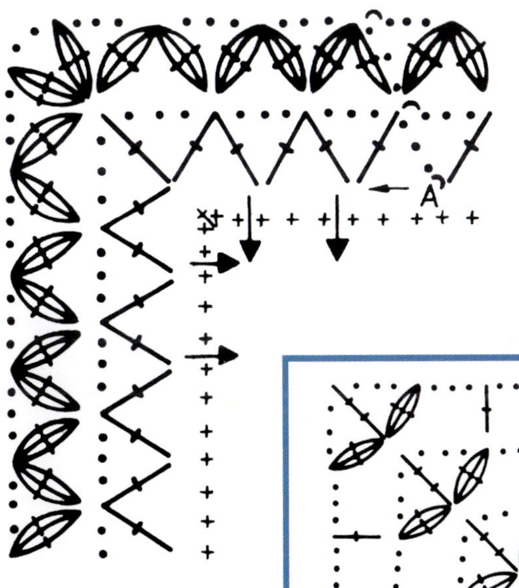

2

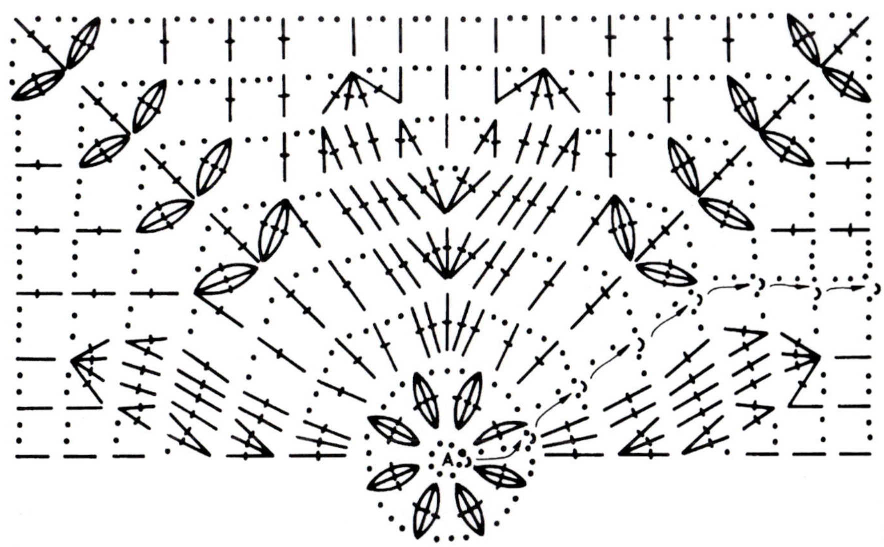

1

DIE BESONDERE MASCHE

3 zusammen abgemaschte Doppelstäbchen, 3 Luft-M, 1 Doppelstäbchen, 3 Luft-M, 3 zusammen abgemaschte Doppelstäbchen in einen Einstichpunkt.

Einzelmotive

Auf einer farbigen Tischdecke wirkt das filigrane Zierdeckchen besonders reizvoll.

Rundes Deckchen
Motiv 1

Bei A mit 6 Luft-M beginnen. Mit 1 Ketten-M zur Rd schließen. In der 1. Rd die Stäbchen um den Luft-M-Ring arbeiten, in allen folgenden Rd die Stäbchen, festen M und Pikots in die vollen unteren M-Glieder der vorhergehenden Rd häkeln. Für 1 Pikot 3 Luft-M arbeiten, zurückgehend in die 1. Luft-M 1 Ketten-M häkeln. Für die 5. bis 24. Rd ist 1 Mustersatz (1/12 Deckchen) und der Rundenübergang gegeben.

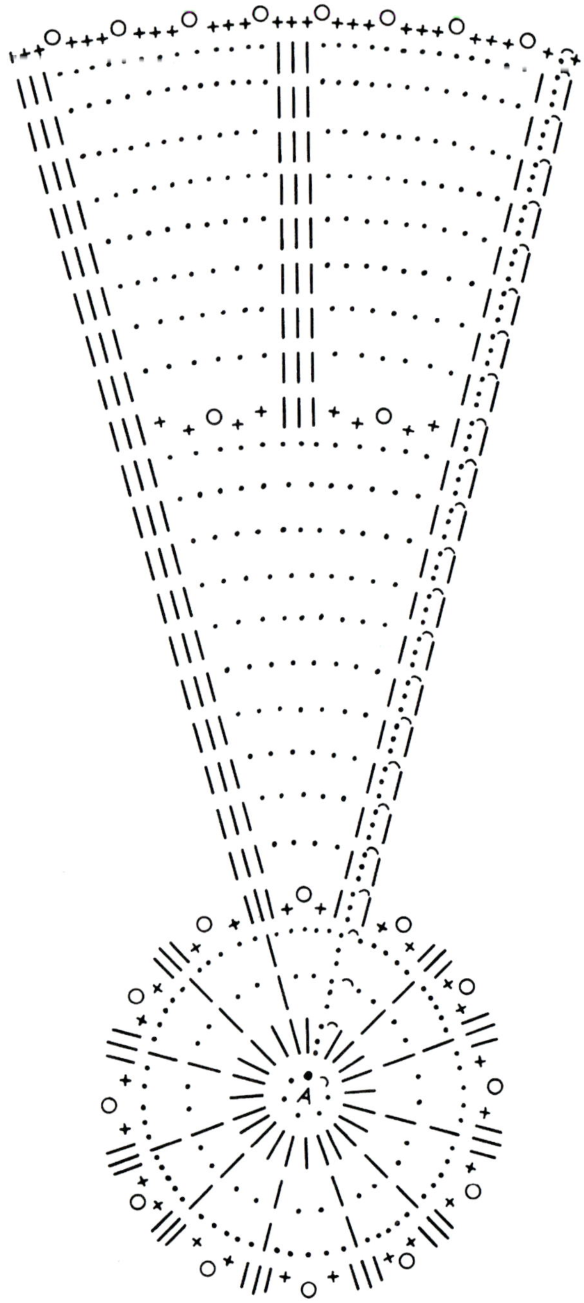

DIE BESONDERE MASCHE ○

Für 1 Pikot 3 Luft-M arbeiten, zurückgehend in die 1. Luft-M 1 Ketten-M häkeln.

Motiv 2

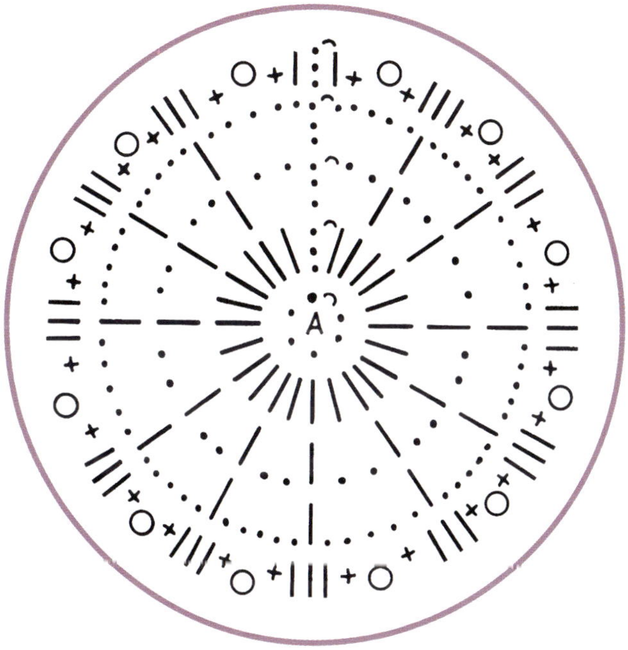

Bei A mit 6 Luft-M beginnen. Mit 1 Ketten-M zur Rd schlie-ßen. In der 1. Rd die Stäbchen um den Luft-M-Ring arbeiten, in allen folgenden Rd die Stäbchen, festen M und Pikots in die vollen unteren M-Glieder der vorhergehenden Rd häkeln. Für 1 Pikot 3 Luft-M arbeiten, zurückgehend in die 1. Luft-M 1 Ketten-M häkeln.

Motiv 3

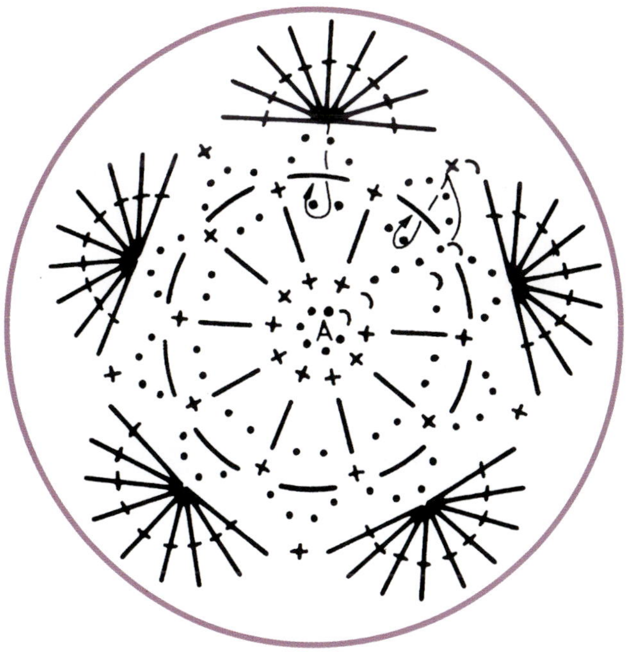

Bei A mit 6 Luft-M beginnen. Mit 1 Ketten-M zur Rd schlie-ßen. In der 1. Rd die festen M um den Luft-M-Ring arbeiten. In der 2. Rd die Stäbchen, in der 3. Rd die festen Maschen in volle untere M-Glieder arbeiten. In der 4. Rd die festen M und die 9 Stäbchen in 1 Einstichpunkt hinter der 3. Rd um die Luft-M-Bogen der 2. Rd häkeln.

Motiv 4

Bei A mit 8 Luft-M beginnen. Mit 1 Ketten-M zur Rd schließen. In der 1. Rd die M um den Luft-M-Ring arbeiten. In der 2. und 3. Rd in die vollen unteren M-Glieder häkeln. In der 4., 5., 6. und 7. Rd die Stäbchen um die Luft-M-Bogen der vorhergehenden Rd arbeiten, die 4 zusammen abgemaschten Stäbchen und die 4 Stäbchen in 1 Einstichpunkt in die vollen M-Glieder der vorhergehenden Rd häkeln.

Motiv 5

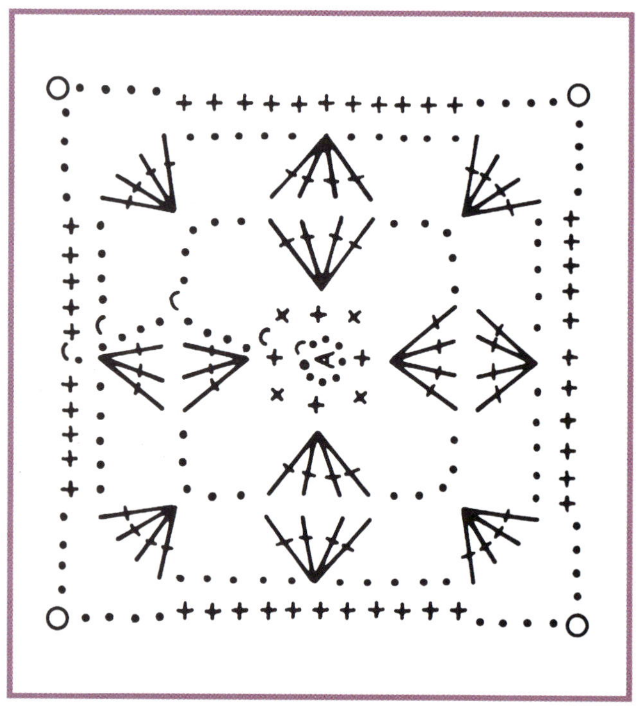

Bei A mit 8 Luft-M beginnen. Mit 1 Ketten-M zur Rd schließen. In der 1. Rd die festen M um den Luft-M-Ring häkeln. In der 2., 3. und 4. Rd die Doppelstäbchen und die festen M in volle untere M-Glieder arbeiten. Für 1 Pikot 3 Luft-M häkeln, zurückgehend in die 1. Luft-M 1 Ketten-M häkeln.

Motiv 6

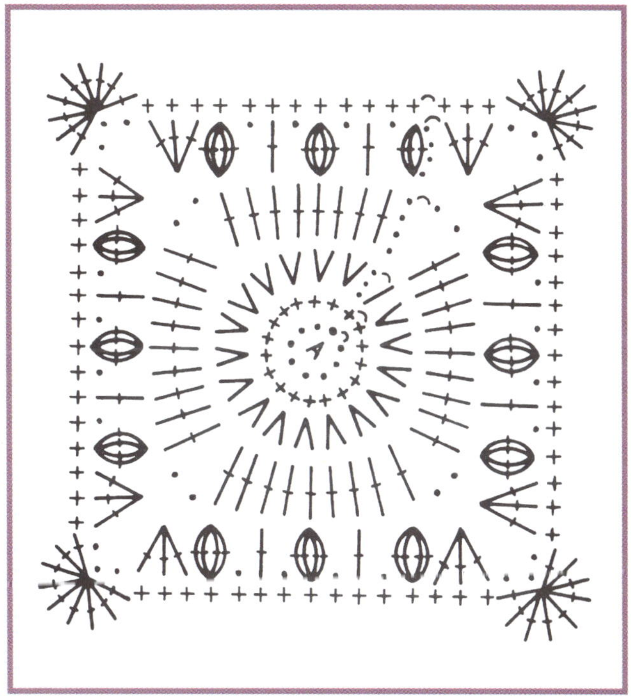

Bei A mit 9 Luft-M beginnen. Mit 1 Ketten-M zur Rd schließen. In der 1. Rd die festen M um den Luft-M-Ring häkeln. In der 2., 3. und 4. Rd die Stäbchen, Doppelstäbchen bzw. Noppen in volle untere M-Glieder arbeiten. In der 5. Rd die festen M in die vollen unteren M-Glieder arbeiten, die 9 Doppelstäbchen in 1 Einstichpunkt um die Luft-M-Bogen der 4. Rd häkeln.

Motiv 7

Bei A mit 6 Luft-M beginnen. Mit 1 Ketten-M zur Rd schließen. In der 1. Rd die festen M um den Luft-M-Ring häkeln, in allen folgenden Rd die Stäbchen in volle untere M-Glieder arbeiten.

Motiv 8

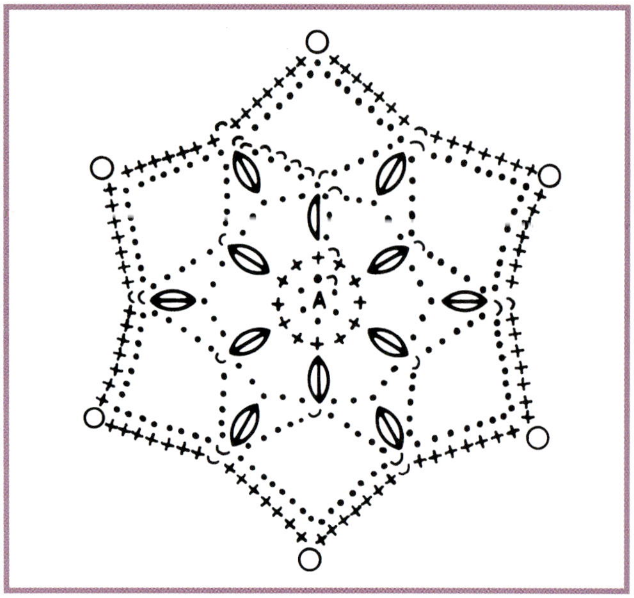

Bei A mit 6 Luft-M beginnen. Mit 1 Ketten-M zur Rd schließen. In der 1. Rd die festen M um den Luft-M-Ring häkeln. In der 2., 3. und 4. Rd die Noppen bzw. die Ketten-M in volle untere M-Glieder arbeiten. In der 5. Rd die festen M um die Luft-M-Bogen, die Ketten-M in volle untere M-Glieder arbeiten. Für 1 Pikot 4 Luft-M häkeln, zurückgehend in die 1. Luft-M 1 Ketten-M arbeiten.

Motiv 9

Bei A mit 8 Luft-M beginnen. Mit 1 Ketten-M zur Rd schließen. In der 1. Rd die festen M um den Luft-M-Ring arbeiten. In der 2. und 3. Rd die Stäbchen in volle untere M-Glieder arbeiten.
In der 5. Rd die Stäbchen und die festen M um die Luft-M-Bogen arbeiten. Für 1 Pikot 4 Luft-M, zurückgehend in die 1. Luft-M 1 Ketten-M häkeln.

Motiv 10

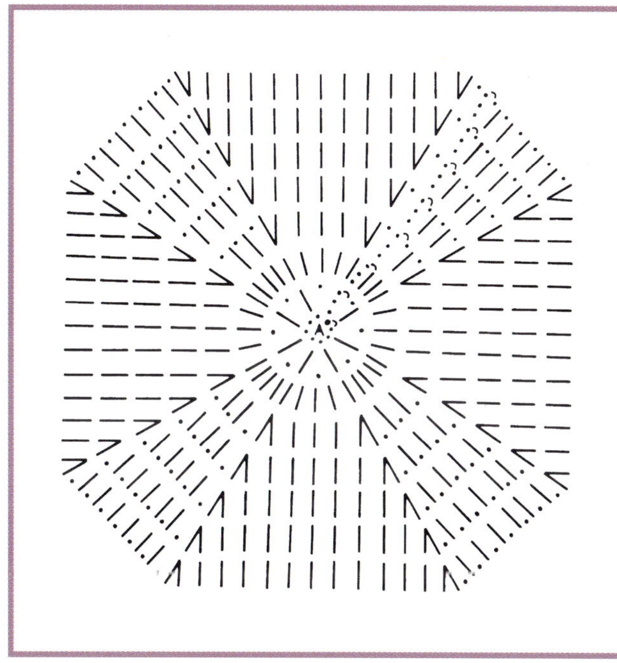

Bei A mit 8 Luft-M beginnen. Mit 1 Ketten-M zur Rd schließen. In allen Rd in die vollen M-Glieder der vorhergehenden Rd arbeiten.

Motiv 11

Bei A mit 8 Luft-M beginnen. Mit 1 Ketten-M zur Rd schließen. In der 1., 2. und 3. Rd die Doppelstäbchen um die Luft-M-Bogen arbeiten, die Ketten-M in die Luft-M häkeln.

Motiv 12

Bei A mit 6 Luft-M beginnen. Mit 1 Ketten-M zur Rd schließen. In der 1. Rd die festen M um den Luft-M-Ring häkeln. In der 2. Rd die festen M in volle untere M-Glieder arbeiten. In der 4. Rd die festen M um die Luft-M-Bogen häkeln, in der 5. Rd die halben Stäbchen, Stäbchen und Doppelstäbchen in die festen M der 4. Rd arbeiten.

Motiv 13

Bei A mit 8 Luft-M beginnen. Mit 1 Ketten-M zur Rd schließen. In allen Rd in die vollen unteren M-Glieder der vorhergehenden Rd arbeiten. In der 6. Rd zwischen den Noppen zunächst 8 Luft-M häkeln, 1 Ketten-M in die 3. Luft-M der 4. Rd arbeiten, dabei die Luft-M-Kette der 5. Rd mit umfassen und noch einmal 8 Luft-M arbeiten.

Gipüre
Irische Häkelei

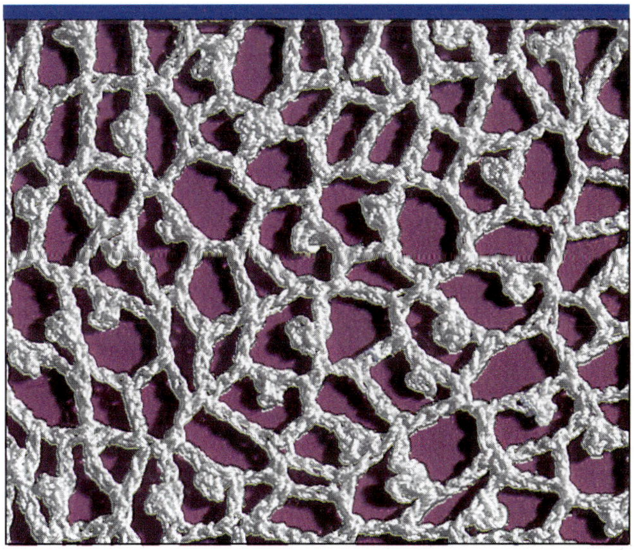

Die Häkelgipüre wird neben der geklöppelten und handgenähten Spitze zu den echten Spitzen gezählt. Sie besteht aus einzelnen, teils erhabenen, teils flachen Motiven, die durch ein gehäkeltes Grundmuster miteinander verbunden sind. Für die Motive kann das Material etwas stärker als für den Grund gewählt werden. Das Reliefröschen (Foto 1, S. 90), ein Blatt (Foto 2, S. 91) und Kleeblattformen (Foto 3 und 4, S. 91) sind typische Motive der Gipürespitzen. Bei runden Formen häkelt man die erste Rd um einen stärkeren Einlagefaden oder man beginnt mit einer Luft-M-Kette, die in der ersten Runde bzw. Reihe umhäkelt wird. Zuletzt werden Anfangs- und Endfäden verstochen. Die fertigen Motive werden in den gewünschten Abständen auf Nessel geheftet, und um die Figuren arbeitet man den Gipüregrund. Wir unterscheiden den unregelmäßigen und den regelmäßigen Gipüregrund. Das Foto oben links zeigt einen unregelmäßigen Grund mit Pikots, den man nach eigener Empfindung und in willkürlicher Richtung arbeitet. Er besteht aus Luft-M, festen M, Pikots, Stäbchen und Doppelstäbchen. Die Arbeit sollte man oft wenden, damit der Grund recht unregelmäßig wird. Das Foto oben rechts zeigt ein Gipürequadrat mit Reliefröschen und Kleeblättern. Der unregelmäßige Grund wurde um die Motive gehäkelt. Stäbchen und Luft-M bilden die Umrandung. Den regelmäßigen Gipüregrund häkelt man nach einem Schema mit Wiederholung des Mustersatzes. Foto 5 (S. 92) zeigt den einfachsten regelmäßigen Gipüregrund, bestehend aus Luft-M und festen M. Im Gegensatz zum unregelmäßigen Grund wird hier mit dem Grundmuster begonnen (Foto 6, S. 93) und die fertigen Motive werden schemagemäß eingehäkelt.

Reliefröschen

Foto 1

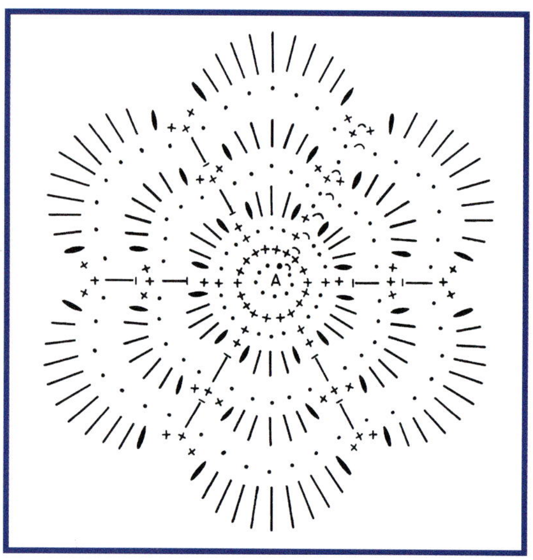

Das Reliefröschen nach dem Schema häkeln. Bei A mit 9 Luft-M beginnen und diese mit einer Ketten-M zur Rd schließen. In der 1. Rd die festen M um die Luft-M greifend häkeln, in den folgenden Rd in die vollen M-Glieder und um die unteren Luft-M greifend einstechen. In der 4. und 6. Rd. die Stäbchen auf der Musterrückseite von hinten nach vorn um die feste M bzw. das Stäbchen der vorletzten Rd arbeiten.

Blatt

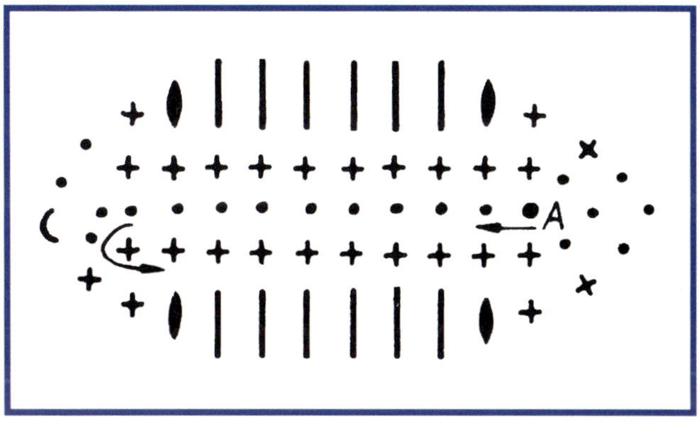

Foto 2

Das Blatt nach dem Schema häkeln. Bei A mit einer Luft-M-Kette beginnen. Die Luft-M-Kette beiderseitig mit festen M behäkeln. In der folgenden Rd in die vollen unteren M-Glieder einstechen.

Kleeblätter

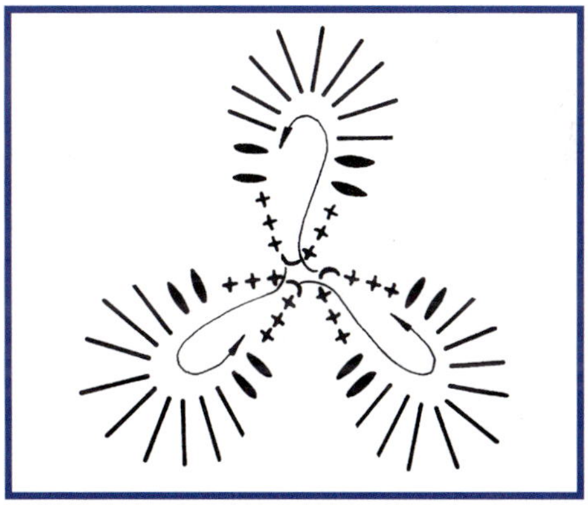

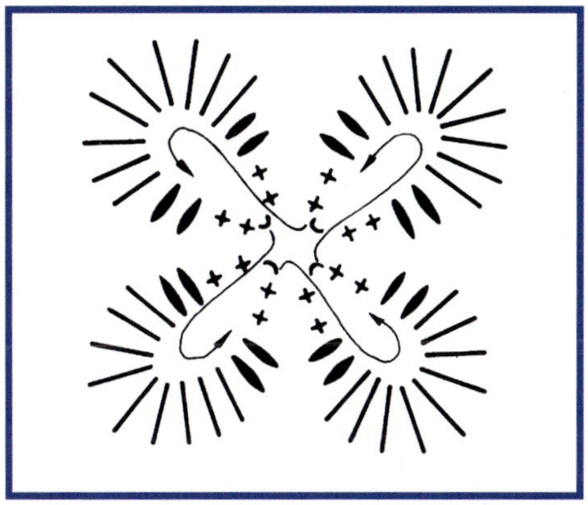

Foto 3 und 4

Die Kleeblätter nach den Schemazeichnungen häkeln. Das dreiblättrige Kleeblatt mit etwa 30 Luft-M, das vierblättrige Kleeblatt mit etwa 40 Luft-M beginnen. Die Blätter zurückgehend um die Luft-M-Kette arbeiten. Am Blattansatz den Ring mit einer Ketten-M schließen und das nächste Blatt häkeln.

Regelmäßiger Gipüregrund

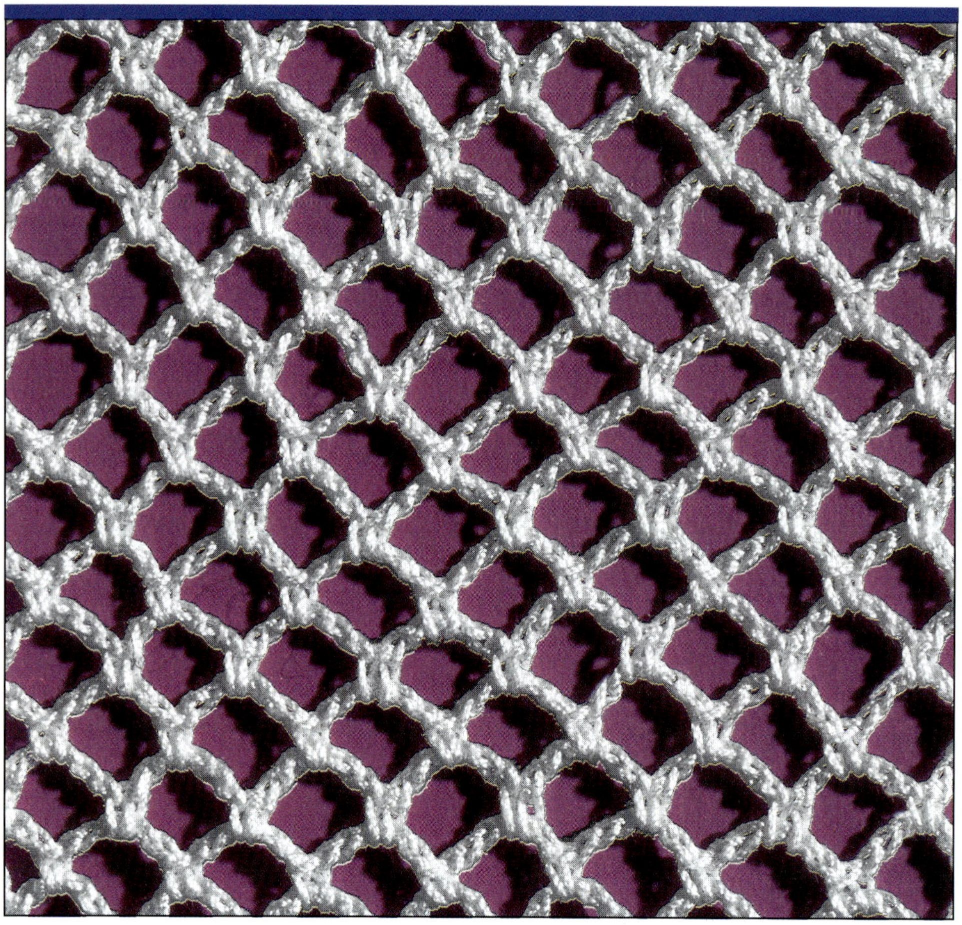

Foto 5

Bei A mit einer Luft-M-Kette beginnen und nach dem Schema häkeln. In der 1. R in die Anschlag-Luft-M, in den folgenden R um die Luft-M greifend einstechen. In Breite und Höhe den Mustersatz innerhalb der Pfeile wiederholen.

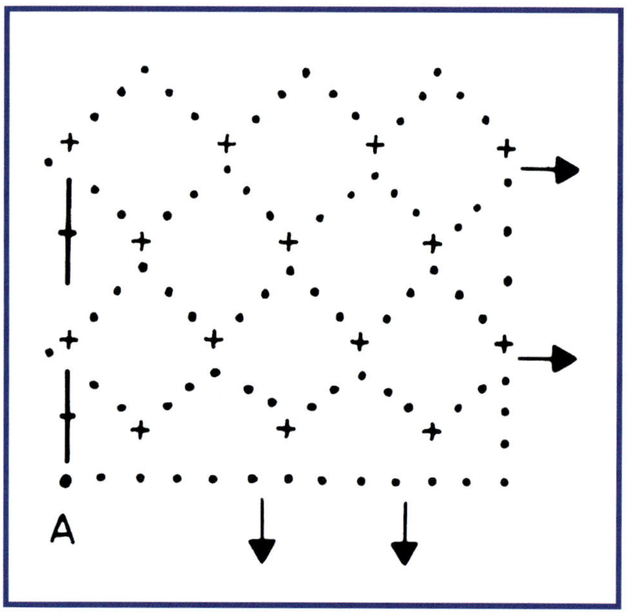

Regelmäßiger Gipüregrund mit Kleeblatt

Foto 6

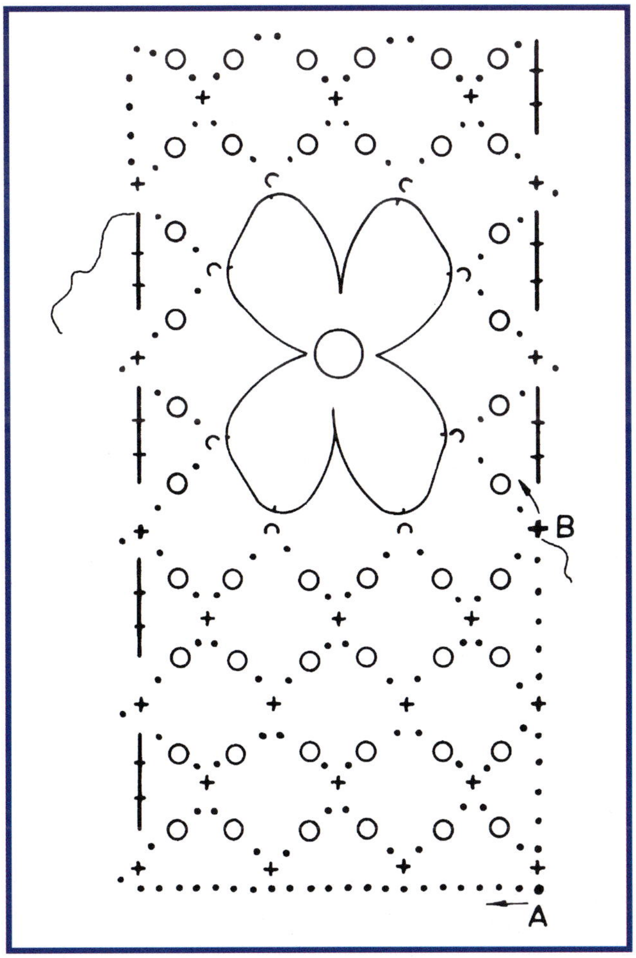

Nach dem Schema häkeln. Bei A mit einer Luft-M-Kette beginnen. In der 1. R (Rück-R) in die Anschlag-Luft-M einstechen, in den folgenden R die festen M um die unteren 2 Luft-M greifend häkeln. Für 1 Pikot 3 Luft-M bilden, zurückgehend in die 1. Luft-M 1 feste M häkeln. Das Schema zeigt, wie das Motiv in den regelmäßigen Pikotgrund eingearbeitet wird. In der 4. R die unteren Blätter jeweils zwischen 2 Luft-M mit einer Ketten-M anschlingen. Dann zunächst die eine Seite weiterarbeiten und wieder schemagemäß das Motiv mit dem Pikotgrund verbinden. Ist die Höhe des Motives erreicht, den Faden abschneiden. An der anderen Seite bei B den Faden neu anschlingen und schemagemäß weiter arbeiten.

DIE BESONDERE MASCHE

Für 1 Pikot 3 Luft-M bilden und zurückgehend in die 1. Luft-M 1 feste M häkeln.

Brügger Häkelei

Typisch für die Brügger Spitze ist das »Band«, das sich durch die Häkelei zu ziehen scheint.

Die gewundenen Musterformen bei dieser Häkelart werden aus Bändern nach Schemazeichnungen gebildet. Man häkelt die Bänder in hin- und hergehenden R, meistens 4 Stäbchen breit. Am Ende jeder R wendet man mit 6 Luft-M, so daß an beiden Seiten versetzt stehende Randbogen entstehen. Die folgenden Abbildungen zeigen den Beginn der Arbeit und einige Varianten für das Zusammenhäkeln der Bänder.

Abbildungen 1, 2, 3 (von links nach rechts)

Die Abbildung 1 zeigt den Anfang eines Bandes. Man beginnt mit 10 Luft-M und häkelt zurückgehend in die ersten 4 Luft-M je 1 Stäbchen. Mit 6 Luft-M wird gewendet. Die Stäbchen der folgenden R werden stets ins volle M-Glied der Stäbchen der vorhergehenden R gehäkelt.
Die Abbildung 2 zeigt 7 fertige R mit versetzten Randbogen.
Die Abbildung 3 zeigt die Biegung eines Bandes. Diese entsteht gleich beim Häkeln durch Zusammenfassen mehrerer Randbogen mit 1 festen M. Für die meisten Biegungen sind 4 Randbogen erforderlich. Man häkelt an dem Rand, der die innere Biegung bilden soll beim 4. Randbogen nur 3 Luft-M, steckt die Häkelnadel zurückgehend durch die 3 vorhergehenden Randbogen, holt den Faden als Schlinge durch, mascht die beiden auf der Nadel befindlichen Schlingen mit einem neuen Umschlag ab, häkelt 3 Luft-M für die 2. Hälfte des 4. Randbogens und setzt mit der nächsten R Stäbchen die Arbeit fort. Im Schema geben gebogene dünne Linien mit Pfeil die Bildung eines Randbogens an.

Abbildungen 4 (links) und 5 (rechts)

Die Abbildung 4 zeigt, wie nach einer Biegung die Randbogen des fortlaufenden Bandes mit den fertigen Randbogen des gegenüberliegenden Randes mit festen M verbunden werden. Dabei liegen die Bänder parallel zueinander. Man häkelt 3 Luft-M, 1 feste M in den gegenüberliegenden Randbogen und 3 Luft-M für die 2. Randbogenhälfte. Im Schema wird die Verbindung mit einer festen M durch 1 Kreuz mit Pfeil für die Richtung dargestellt.

Die Abbildung 5 zeigt, wie nach einer Biegung die Randbogen des fortlaufenden Bandes mit den fertigen Randbogen des gegenüberliegenden Randes mit M unterschiedlicher Länge verbunden werden. Damit lassen sich Formen der gegenüberliegenden Bänder bilden, die nicht parallel verlaufen. Man häkelt 3 Luft-M, 1 feste M bzw. 1 einfaches Stäbchen bzw. 1 zweifaches Stäbchen bzw. 1 dreifaches Stäbchen in den jeweils gegenüberliegenden Randbogen und 3 Luft-M für die 2. Randbogenhälfte. Im Schema wird die Länge der Stäbchen durch die Zahl der zu bildenden Umschläge an einem Pfeil angegeben.

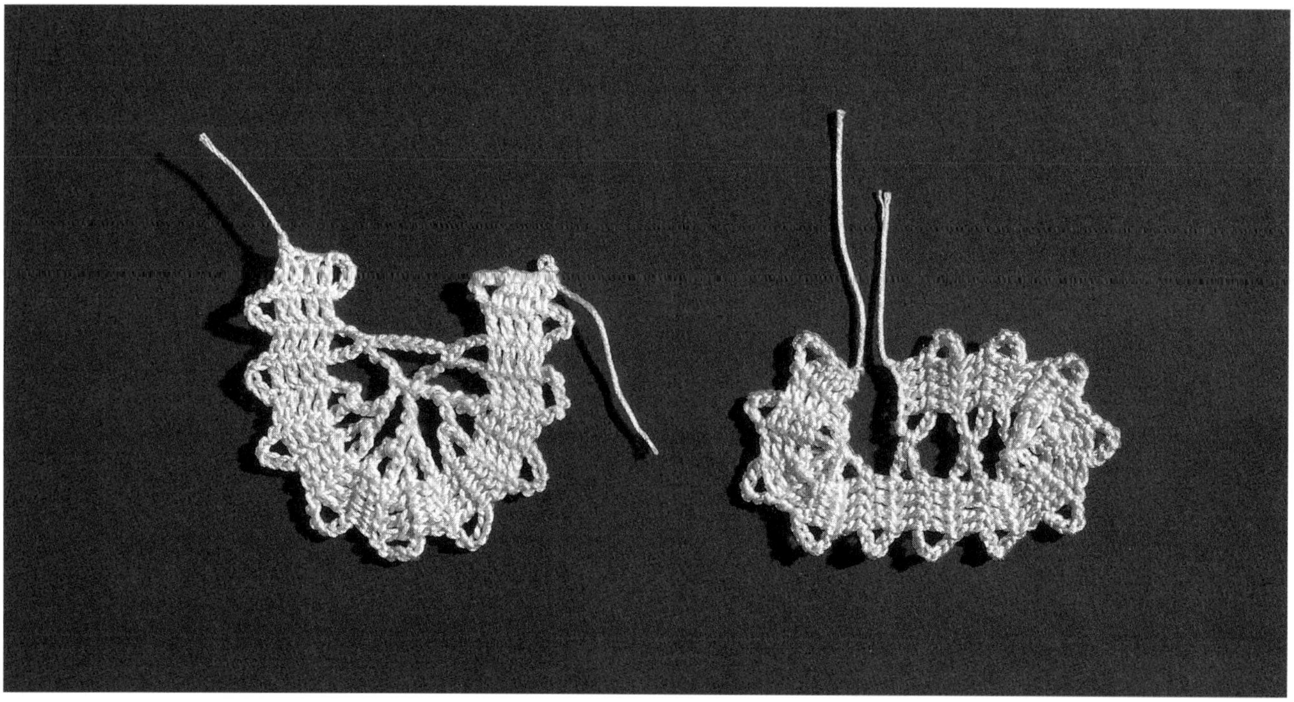

Abbildungen 6 (links) und 7 (rechts)

Die Abbildung 6 zeigt, wie das Band in einem größeren Bogen läuft. So ein großer Bogen wird mit einer »Spinne« gefüllt. Nach einem halben Randbogen geht man entsprechend der Abbildung mit 4 Luft-M zur Spinnenmitte und faßt von dort aus 3x mit je einem Doppelstäbchen für ein »Spinnenbein« 2 Randbogen, häkelt 4 Luft-M und faßt mit einer festen M den 7. Randbogen, häkelt 6 Luft-M und 1 feste M in die Ausgangs-Luft-M der Spinne. Mit 3 Luft-M wird der Ausgangs-Randbogen vollendet. Für ein Doppelstäbchen bildet man 2 Umschläge um die Häkelnadel, faßt den entsprechenden Randbogen und mascht 2 Schlingen von der Nadel ab, bildet wieder einen Umschlag, faßt den nächsten Randbogen und mascht dann stets 2 Schlingen fassend alle Schlingen von der Nadel ab. Im Schema ist jeder Spinnenanfang durch eine größer gezeichnete Luft-M gekennzeichnet. Die Anzahl der Luft-M ist gegeben und die Anzahl der zu bildenden Umschläge für die Stäbchen ist wieder durch eine Zahl am Pfeil angegeben.

Die Abbildung 7 zeigt, wie sich Anfang und Ende eines Bandes aneinanderfügen. Beim Rundenschluß muß man beachten, daß sich die Randbogen nach beiden Seiten versetzt anschließen.

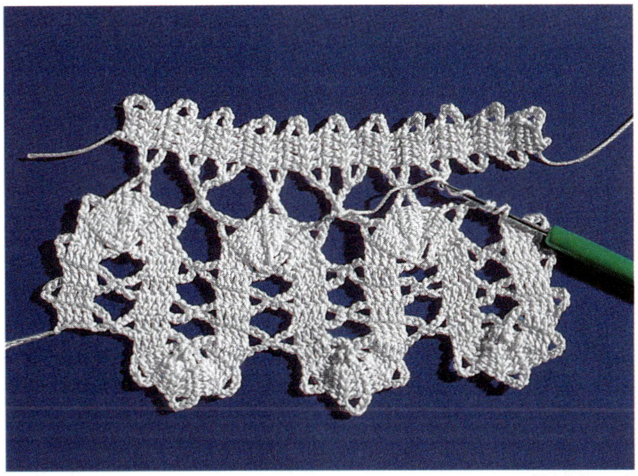

Abbildung 8

Die Abbildung 8 zeigt, wie von einem Randbogen eine mehrteilige Stäbchenverbindung ausgeht. Nach 3 Luft-M (halber Randbogen) schlägt man den Faden zuerst 4x für den längsten Randbogen um, faßt den entsprechenden Randbogen und mascht 2 Schlingen von der Nadel ab, bildet wieder 2 Umschläge, faßt den nächsten Randbogen und mascht 2 Schlingen ab (siehe Abb.) Dann bildet man wieder 2 Umschläge, faßt den nächsten Randbogen und mascht dann, stets 2 Schlingen fassend alle Schlingen von der Nadel ab. Jetzt häkelt man 3 Luft-M für die 2. Randbogenhälfte und häkelt die nächste Stäbchen-R. Im Schema wird die mehrteilige Stäbchenverbindung durch Pfeilstriche mit Abzweigungen und entsprechenden Zahlen daran gegeben.

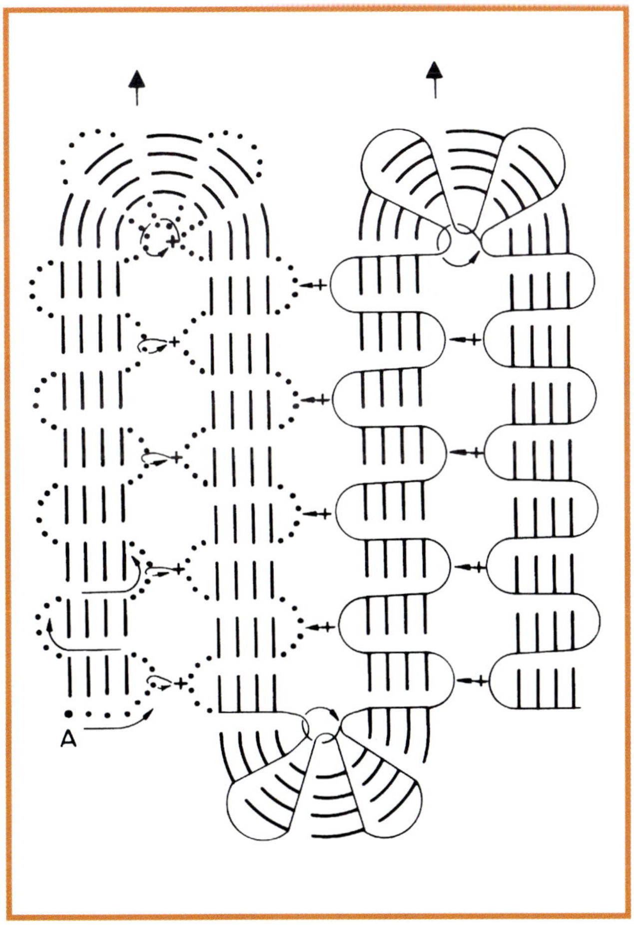

Die Fotos auf den folgenden Seiten zeigen Borten zum Ansetzen oder Einsetzen. Die eben beschriebenen Arbeitsschritte wurden dabei angewendet. Das entsprechende Schema dazu erleichtert das Nacharbeiten. Das Schema links zeigt, wie bei Abbildung 3 und 4 beschrieben, Biegungen und parallel verlaufende Bänder. Bei A beginnen. Innerhalb der Pfeile ist in der Breite ein Mustersatz gegeben. In der Höhe ist die ganze Borte gegeben. Im ersten Bogen sind für das bessere Verständnis einzelne Luft-M für jeden Rand-Bogen gezeichnet. Im zweiten Bogen und allen folgenden Schemazeichnungen sind dafür Linien gezeichnet.

Borte zum Einsetzen

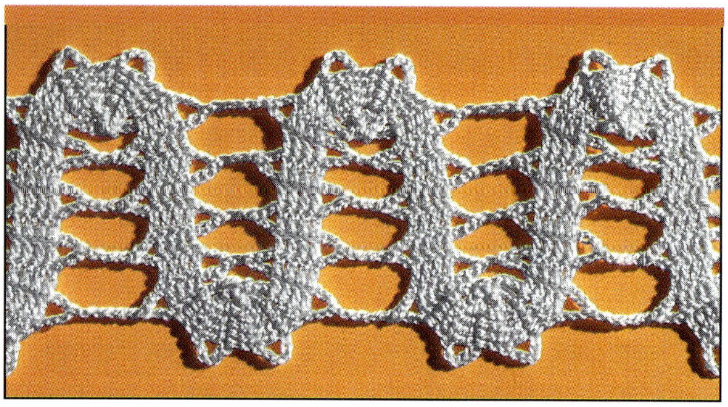

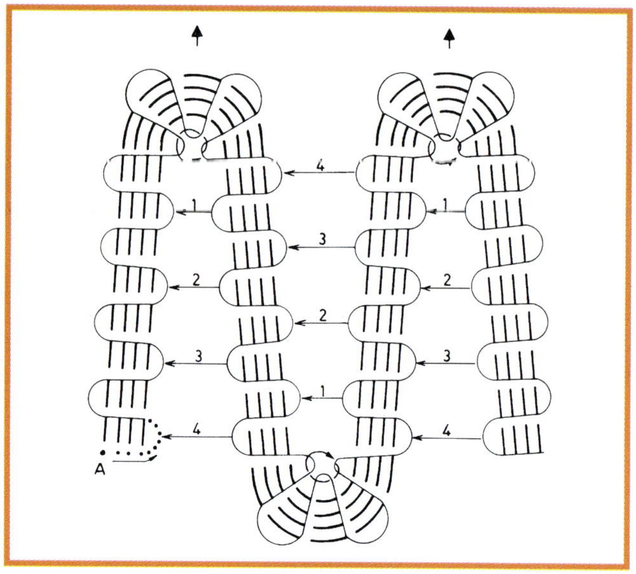

Bei A beginnen. Innerhalb der Pfeile ist in der Breite ein Mustersatz gegeben.

In der Höhe ist die ganze Borte gegeben.

Borte zum Ansetzen

Zuerst bei A beginnen, dann bei B beginnen und die Bogenkante dem geraden Streifen mit mehrteiligen Stäbchenverbindungen und festen M anhäkeln. Innerhalb der Pfeile ist in der Breite ein Mustersatz gegeben. In der Höhe ist die ganze Borte gegeben.

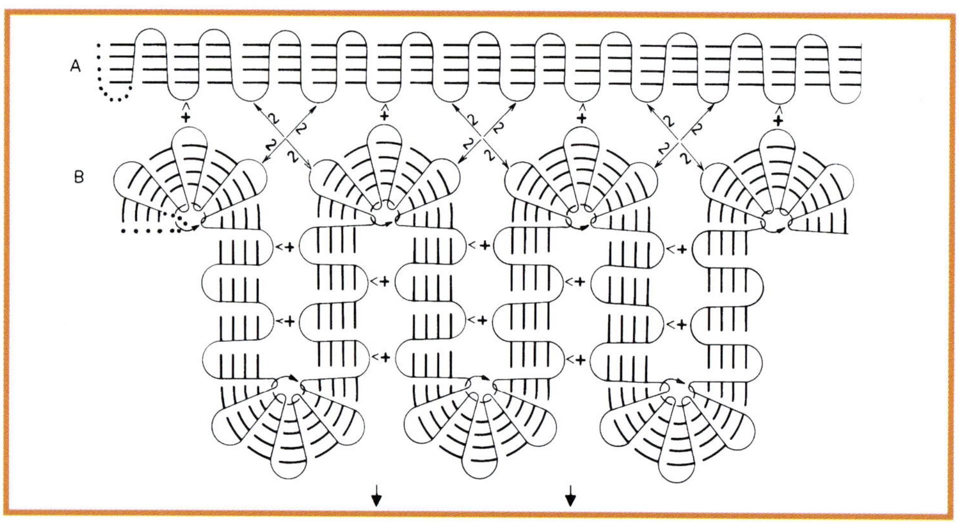

Borte mit Ecklösung *siehe Foto Seite 94/95*

Zuerst bei A beginnen, dann bei B beginnen und die Bogenkante dem geraden Streifen mit mehrteiligen Stäbchenverbindungen und festen M anhäkeln. Innerhalb der Pfeile ist in der Breite ein Mustersatz gegeben. In der Höhe ist die ganze Borte gegeben.

Gabel- und Schlinge

äkelei

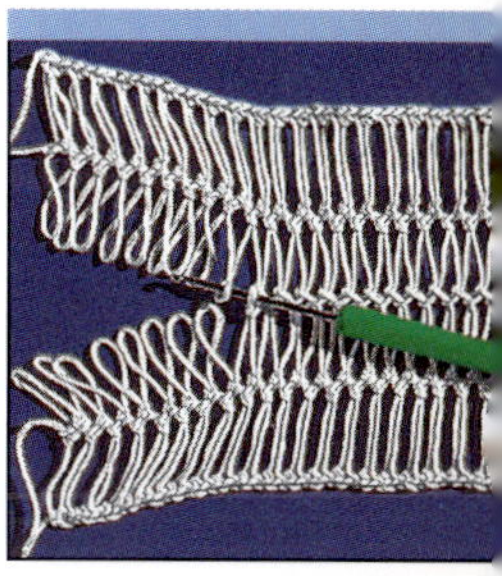

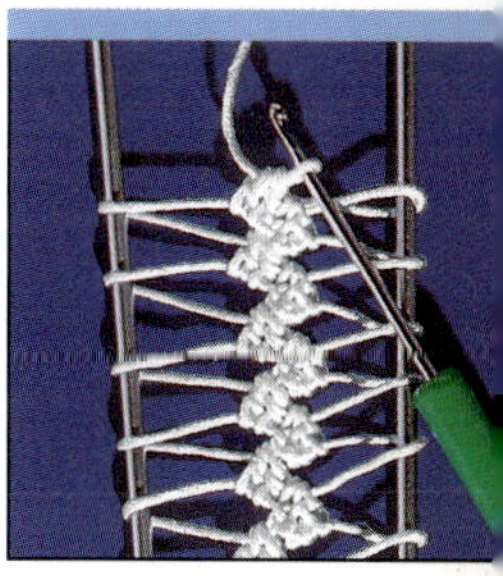

In Gabel- oder Schlingenhäkelei lassen sich besonders zarte Spitzendeckchen mit nostalgischem Reiz arbeiten.

Die Gabelhäkelei entsteht durch das Bilden von Schlingenborten mit der Häkelnadel um eine Metallgabel. Wie die Fotos zeigen, ist eine Gabel ein gebogener Metallstab mit einem geschlossenen unteren Ende und zwei nach oben führenden Zinken. Die offenen Zinken lassen sich mit einem kleinen Metallbügel schließen. So kann eine angefangene Borte nicht von der Gabel rutschen.
Die Mustervarianten bildet man durch Verwendung unterschiedlich breiter Gabeln, verschiedener Häkelarten in der Gabelmitte und mehrerer Möglichkeiten des Zusammenhäkelns der einzelnen Borten. Für die Mittelrippen häkelt man feste M oder Stäbchen um die Schlingen. Die Mittelrippe kann auch seitlich verschoben zu einer Zinke hin gebildet werden. Für die Verbindungen zwischen den Borten werden Luft-M, feste M und Stäbchen in verschiedenen Längen gehäkelt. Dabei können die offenen Schlingen in Anzahl und Einstichart verschieden gefaßt werden. Gabelborten mit einer breiten Mittelrippe sollten zu geraden Modellen zusammengefaßt werden. Aus Gabelborten mit dünnen Mittelrippen lassen sich gut runde Modelle zusammenhäkeln.

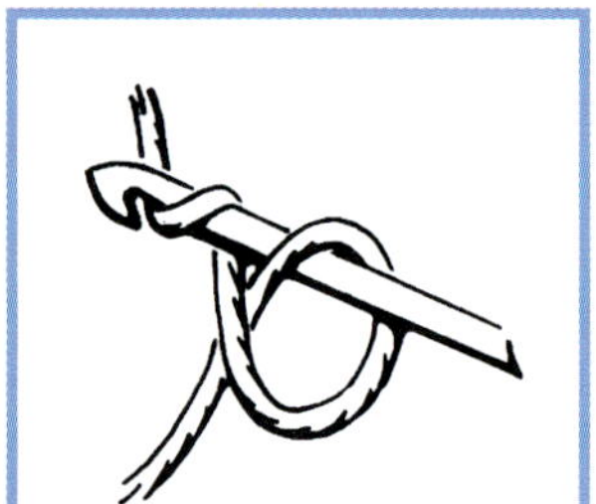
Zeichnung 1

Zeichnung 2

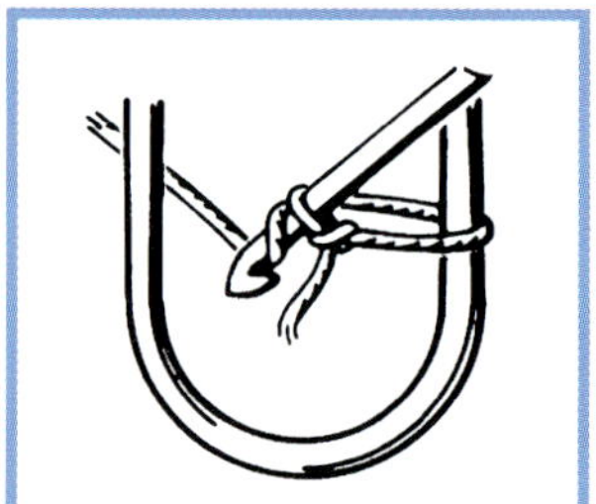
Zeichnung 3

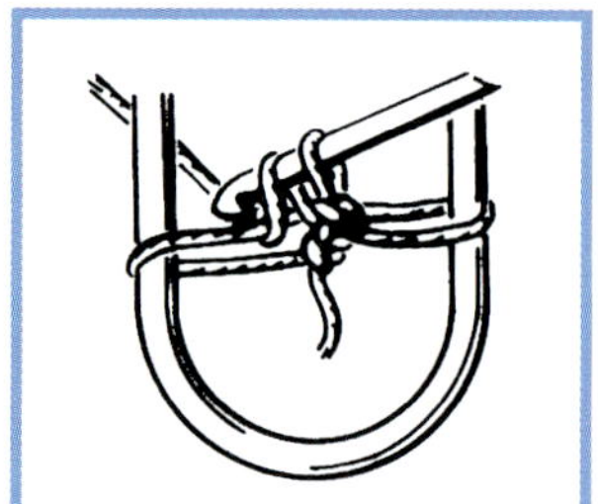
Zeichnung 4

Zeichnung 1 und 2 zeigen das Bilden einer Anfangsschlinge.
Zeichnung 3 zeigt, wie der Faden von der Schlinge um die rechte Zinke gelegt wird. Dabei wird die Schlinge mit Daumen und Mittelfinger der linken Hand gehalten. Mit der Häkelnadel wird durch die Anfangsschlinge eine Luft-M gebildet und die Gabel von rechts nach links gedreht, dabei legt sich der Faden von selbst um die 2. Zinke. Die Häkelnadel wird über die rechte Zinke gehoben.

Zeichnung 4 zeigt das Ausführen einer festen M um den vorderen Faden der 1. Schlinge.

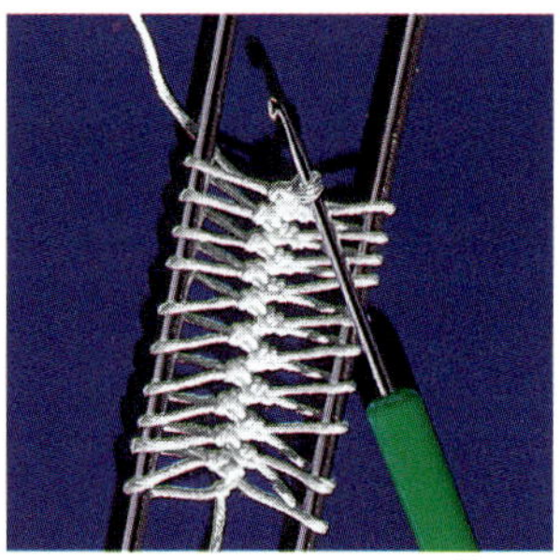
Foto 1

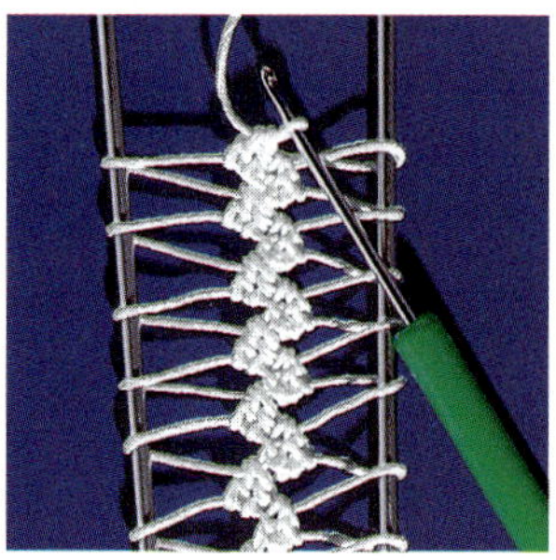
Foto 2

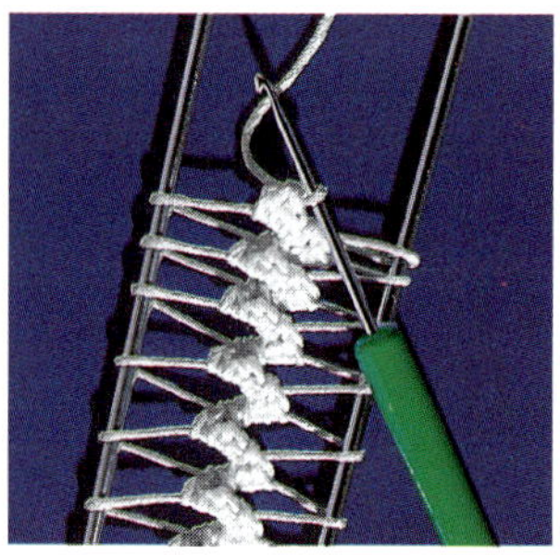
Foto 3

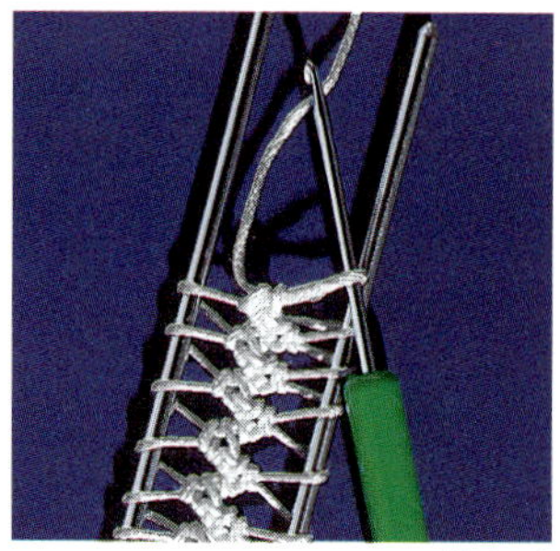
Foto 4

Die Fotos 1–4 zeigen einige Varianten für das Häkeln der Mittelrippen. Dabei wird die Gabel mit der linken Hand gehalten, mit der Häkelnadel in der rechten Hand wird gehäkelt. Die Borten entstehen also jeweils durch Drehen der Gabel (Häkelnadel überheben nicht vergessen) und häkeln von verschiedenen Maschen um den vorderen Faden der neu gebildeten Schlinge.

Bei Foto 1 ist jeweils 1 feste M um den vorderen Faden gehäkelt.
Bei Foto 2 sind jeweils 2 feste M um den vorderen Faden gehäkelt.
Bei Foto 3 sind jeweils 1 feste M, 1 halbes Stäbchen und 1 Stäbchen um den vorderen Faden gehäkelt.
Bei Foto 4 sind jeweils 2 Stäbchen um den vorderen Faden gehäkelt.

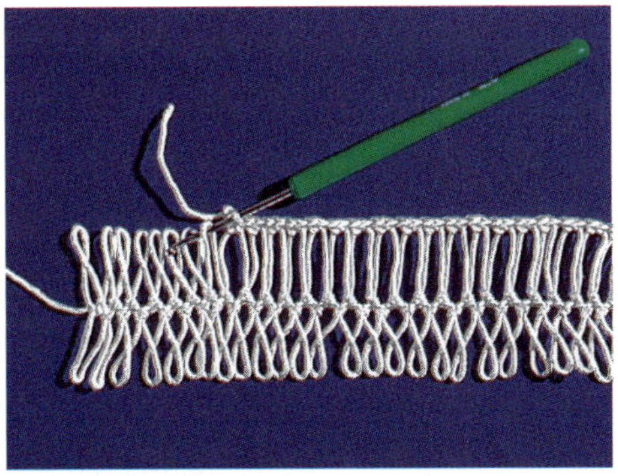
Foto 5

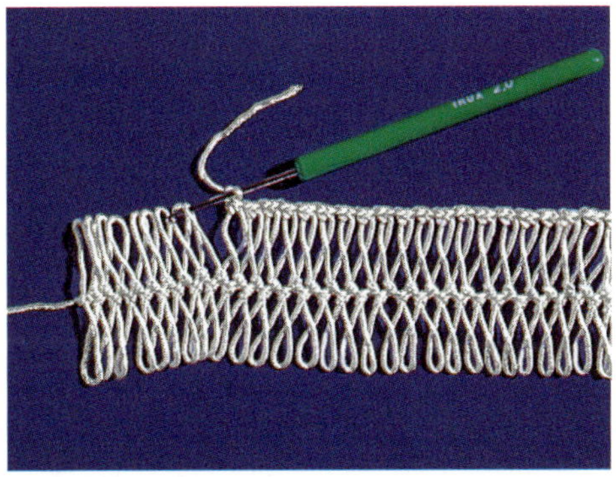
Foto 6

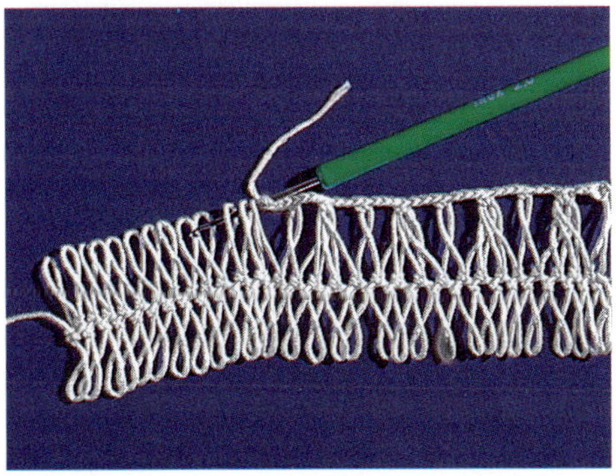
Foto 7

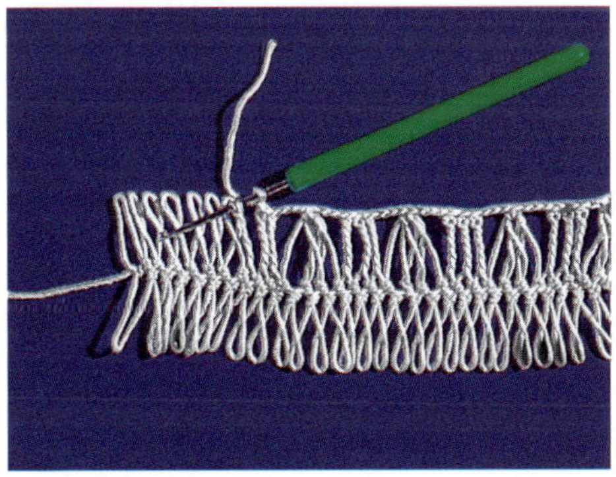
Foto 8

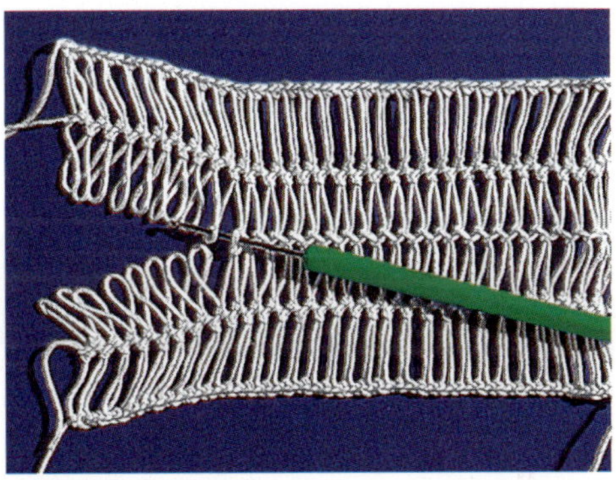
Foto 9

Foto 10

Die Fotos 5–8 zeigen das Zusammenhäkeln der Randschlingen.

Bei Foto 5 häkelt man in jede Schlinge 1 feste M und bildet 1 Luft-M usw. Dabei sticht man mit der Häkelnadel von vorn in die Schlinge ein.

Bei Foto 6 häkelt man in jede Schlinge 1 feste M und bildet 1 Luft-M usw. Dabei sticht man mit der Häkelnadel von hinten in die Schlinge ein.

Bei Foto 7 faßt man 1 Schlinge mit 1 festen M, häkelt 3 Luft-M, faßt 3 Schlingen mit 1 festen M, häkelt 3 Luft-M usw. Dabei sticht man jeweils von hinten in die Schlingen ein.

Bei Foto 8 faßt man 3 Schlingen mit 1 festen M, häkelt 3 Luft-M, faßt 3x abw. 1 Schlinge, dreht diese mit der Häkelnadel 3x, häkelt dann 1 feste M in die Schlinge und bildet 1 Luft-M, dann häkelt man noch 2 Luft-M usw. Dabei sticht man jeweils von hinten in die Schlingen ein.

Die Fotos 9 und 10 zeigen zwei einfache Möglichkeiten für das Zusammenfassen der Borten.

Bei Foto 9 zieht man mit der Häkelnadel abw. 1 Schlinge der einen Borte durch die gegenüberliegende Schlinge der anderen Borte.

Bei Foto 10 zieht man mit der Häkelnadel abw. 2 Schlingen der einen Borte durch 2 Schlingen der anderen Borte.

Rundes gegabeltes Deckchen

Dafür gabelt man zunächst zwei gerade Borten. Die innere Borte ist um eine 4 cm breite Gabel gehäkelt. Die äußere Borte ist um eine 6 cm breite Gabel gehäkelt. Dafür ist am Schema innerhalb der Pfeile am äußeren Rand ein Mustersatz gegeben, der noch 11x zu wiederholen ist. Für die Mittelrippe der inneren Borte umhäkelt man je 4 Schlingen mit 1 festen M, klettert dann mit 3 Luft-M und häkelt noch 2 Stäbchen in die letzte feste M, die 3 Luft-M und die Stäbchen werden zusammen abgemascht. Für die Mittelrippe der äußeren Borte umhäkelt man jede Schlinge mit einer festen M. Jede Borte wird durch Verstechen der Fäden zur Runde geschlossen. Dabei unbedingt beachten, daß die Borten sich nicht verdrehen.
Für die Mitte des Deckchens bei A den Faden anschlingen und schemagemäß 3 Runden häkeln. Jede Runde mit einer Ketten-M schließen und mit Ketten-M zur nächsten Runde klettern. Für die Verbindung zwischen beiden Borten bei B anschlingen und schemagemäß 2 Runden häkeln. Dabei in der 1. Runde mit jeder festen M 1 Schlinge fassen. In der 2. Runde die 1. feste M in die Luft-M einstechen, mit der 2. festen M 2 Schlingen der Borte fassen. Beim Verbinden beachten, daß sich die Schlingen schemagemäß gegenüberstehen. Für den Rand bei C anschlingen und schemagemäß die Bogenkante häkeln. Dabei in der 1. Runde mit jeder festen M eine Schlinge fassen und beachten, daß die Schlingen so gefaßt werden, daß sich der Mustersatz der inneren Borte nicht verschiebt.

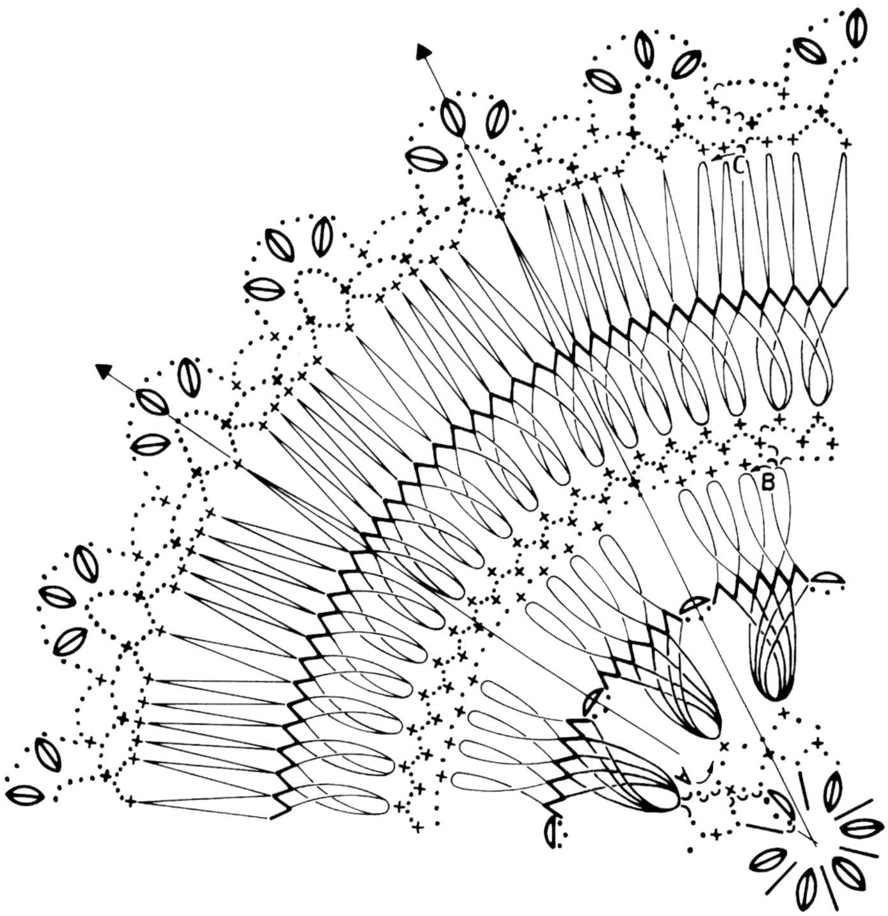

Schlingenhäkelei

Foto 1

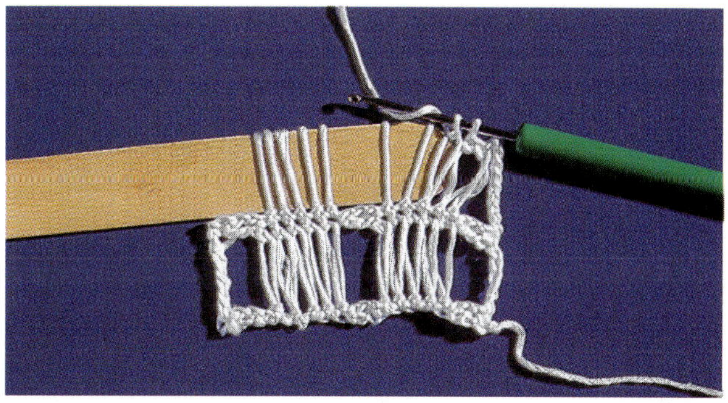

Foto 2

Unter Schlingenhäkelei versteht man die Muster, deren spitzenartige Wirkung durch das Umhäkeln verschieden breiter Stäbchen entsteht. (Geeignet sind zum Beispiel Spatel, wie sie in Arztpraxen verwendet werden.) Eine Häkelart, die heute nur noch selten angewendet wird.

Das Schlingenmuster nach der Häkelschrift über ein etwa 1,8 cm breites Stäbchen häkeln. Bei A mit einer Luft-M-Kette beginnen. In der 1. R in die Anschlag-Luft-M einstechen. Vor Beginn der ersten Schlingengruppe schemagemäß 1 Ketten-M in die Anschlag-Luft-M und 1 Luft-M häkeln. Diese Luft-M langziehen und auf das Stäbchen heben. Dann noch 4 mal abw. in die folgende Anschlag-Luft-M einstechen, 1 Schlinge holen (kleiner senkrechter Strich im Schema), 1 Luft-M häkeln, diese langziehen und auf das Stäbchen heben, wie es Foto 1 zeigt. Am Ende einer Stäbchengruppe die letzte Schlinge aus dem Einstichpunkt der letzten Schlinge holen (kleiner schräger Strich im Schema). In der folgenden Rück-R um den oberen Rand jeder Schlinge 1 feste M häkeln, wie es Foto 2 zeigt. Die unteren Luft-M schemagemäß mit 3 Luft-M übergehen.

Den Mustersatz in Breite und Höhe innerhalb der Pfeile wiederholen.

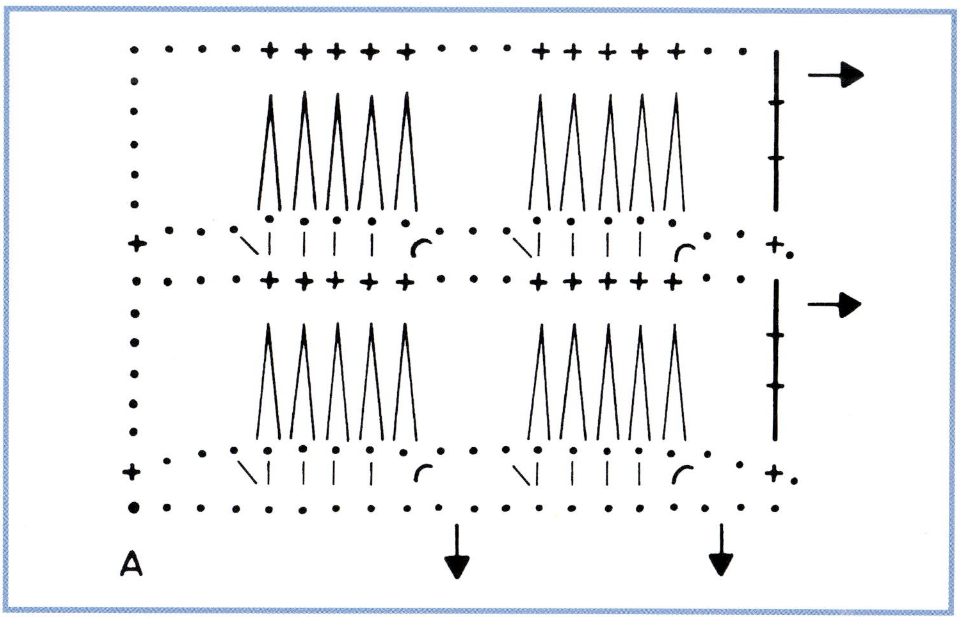

Tunesische Häkelei

Für diese Häkelart wird eine lange, gleichmäßig starke Häkelnadel benötigt, die es auch in verschiedenen Stärken gibt.
Im Gegensatz zu anderen Häkelarten befinden sich nicht nur die Schlingen einer Masche auf der Nadel, sondern die Schlingen einer ganzen Reihe. Die Schlingen werden jeweils in der Hin-R gebildet und in den Rück-R abgemascht. Die Mustervarianten entstehen durch verschiedene Einstichpunkte bei der Schlingenbildung, durch Umschläge dazwischen und durch das Abmaschen. Für den Beginn der Arbeit häkelt man eine entsprechend lange Luft-M-Kette, zieht die letzte Schlinge etwas lang und holt aus der 2. Luft-M von der Nadel aus und jeder weiteren Luft-M eine Schlinge heraus.
Die Schlingen müssen gleichmäßig lang sein (Zeichnung 1). Hat man am Schluß der 1. Hin-R die letzte Schlinge gebildet, schlägt man den Arbeitsfaden um die Nadel und zieht ihn durch diese Schlinge. Dann mascht man stets mit einem Umschlag 2 Schlingen zusammen von der Nadel ab, wobei man zu der Abschürzschlinge immer die folgende Schlinge dazu nimmt (Zeichnung 2).
Am Schluß dieser Rück-R häkelt man eine Luft-M und zieht sie fest. Dann beginnt man mit der nächsten Hin-R.
Die folgenden 6 Fotos zeigen einfache tunesische Häkelmuster, die durch Text und Zeichnungen erklärt sind.

1

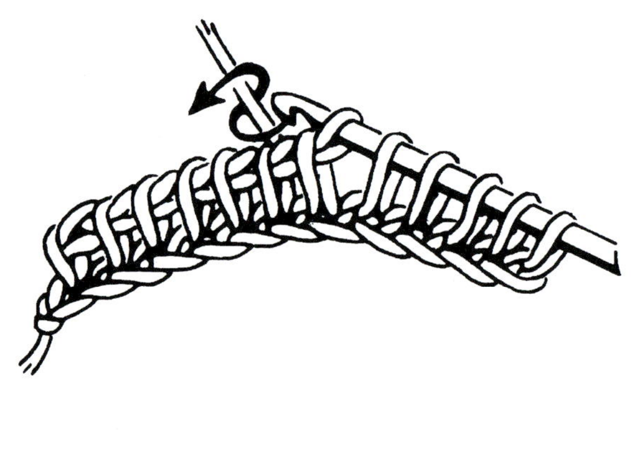

2

Einfacher tunesischer Stich

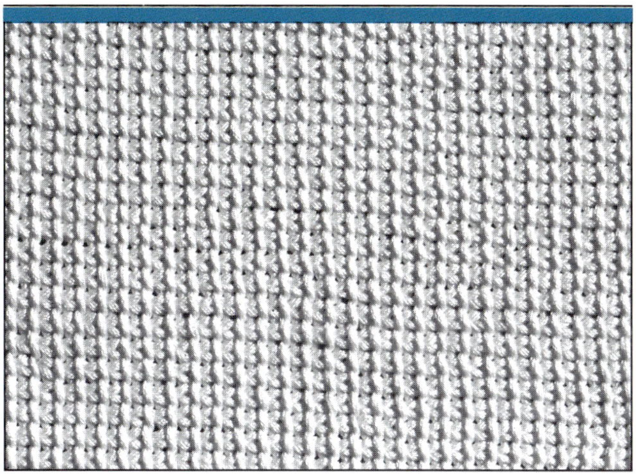

1. R: Anfangs-R wie bei Zeichnung A beschrieben häkeln.
2. R (Rück-R): wie bei Zeichnung B beschrieben häkeln.

3. R (Hin-R): aus der 2. und jeder folgenden Schlinge der Vor-R 1 gleichlange Schlinge holen. Dafür vorn von rechts nach links durch jede Schlinge einstechen.

Die 4. R wie die 2. R häkeln. Die 3. und 4. R wiederholen.

Maschenstich

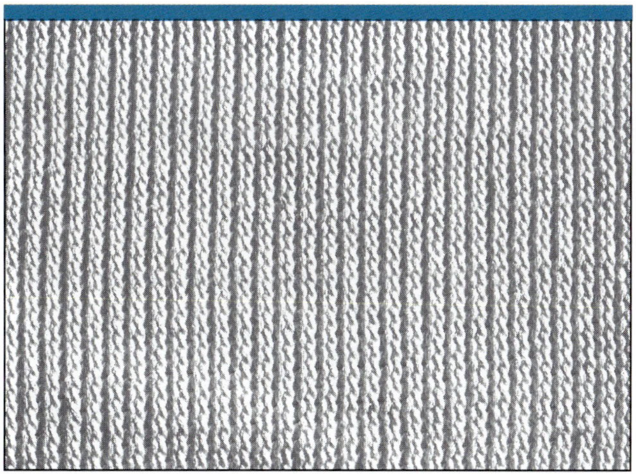

1. R: Anfangs-R wie bei Zeichnung A beschrieben häkeln.
2. R (Rück-R): wie bei Zeichnung B beschrieben häkeln.

3. R (Hin-R): aus der 2. und jeder folgenden Schlinge der Vor-R 1 gleichlange Schlinge holen. Dafür unter der Abschürz-R von vorn nach hinten durch jede Schlinge einstechen.

Die 4. R wie die 2. R häkeln. Die 3. und 4. R wiederholen.

Netzmuster

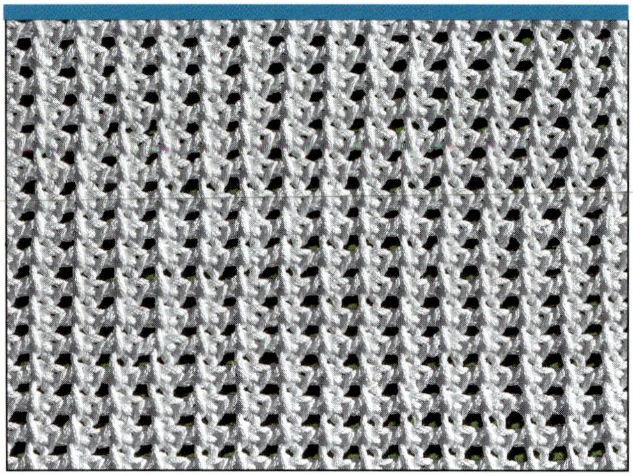

1. R: Eine entsprechend lange Luft-M-Kette häkeln, die letzte Schlinge etwas langziehen. Dann abw. 1 U bilden und aus der 3. folgenden Luft-M 1 gleichlange Schlinge holen.
2. R (Rück-R): abw. den U und die Schlinge mit der Abschürzschlinge abmaschen.

3. R (Hin-R): abw. 1 U bilden und aus der Schlinge der Vor-R 1 gleichlange Schlinge holen. Dafür von rechts nach links durch jede Schlinge einstechen.

Die 4. R wie die 2. R häkeln.
Die 3. und 4. R wiederholen.

Plastisches Muster

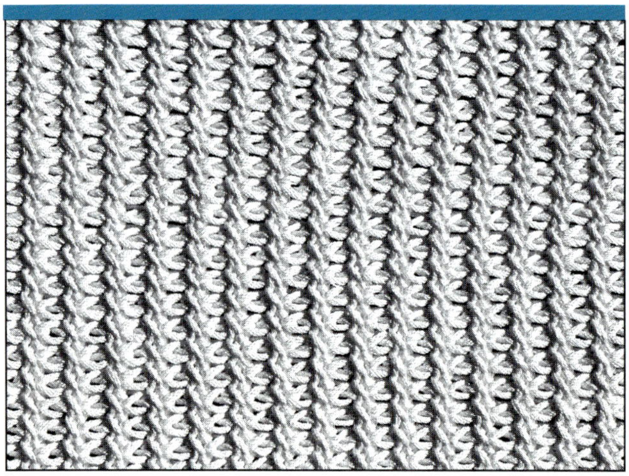

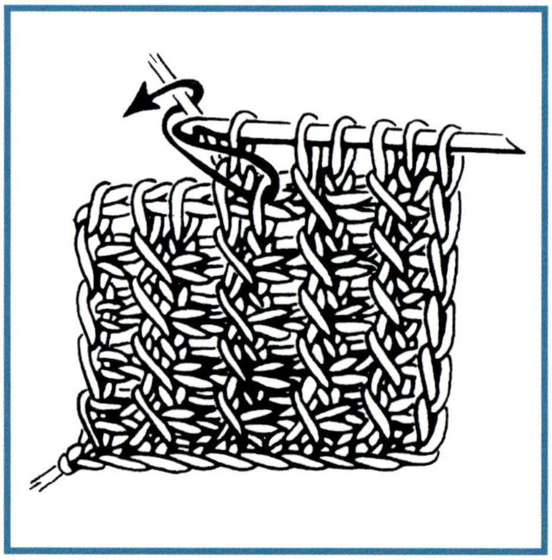

1. R: Anfangs-R wie bei Zeichnung A beschrieben häkeln.
2. R (Rück-R): wie bei Zeichnung B beschrieben häkeln.

3. R (Hin-R): abw. 1 Schlinge aus der übernächsten Schlinge der Vor-R und 1 Schlinge aus der übergangenen Schlinge der Vor-R holen. Dafür vorn von rechts nach links durch jede Schlinge einstechen.

Die 4. R wie die 2. R häkeln.
Die 3. und 4. R wiederholen.

Zweifarbiges Streifenmuster

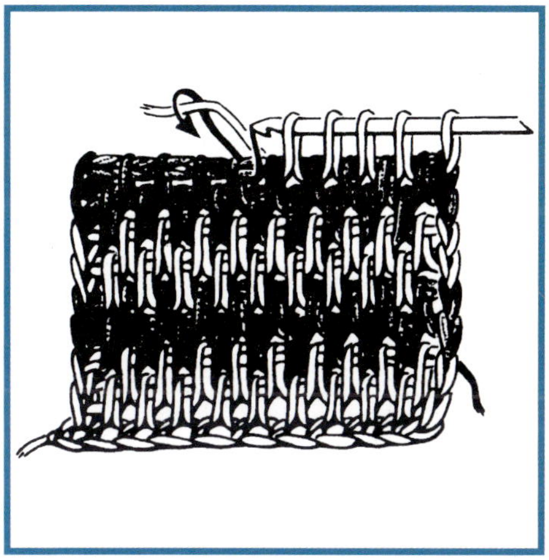

Luft-M-Kette weiß, dann abw. 4 R weiß und 4 R blau häkeln.
1. R: Anfangs-R wie bei Zeichnung A beschrieben häkeln.
2. R (Rück-R): wie bei Zeichnung B beschrieben häkeln.
3. R (Hin-R): vor jedem senkrechten M-Glied unter der Abschürz-R einstechen und 1 Schlinge holen. Die letzte Schlinge aus der Rand-M holen.
4. R: wie 2. R häkeln.
5. R (Hin-R): nach jedem senkrechten M-Glied unter der Abschürz-R einstechen und 1 Schlinge holen. Die letzte Schlinge aus der Rand-M holen.
6. R: wie 2. R häkeln.
Die 3. bis 6. R wiederholen.

Zweifarbiges Karomuster

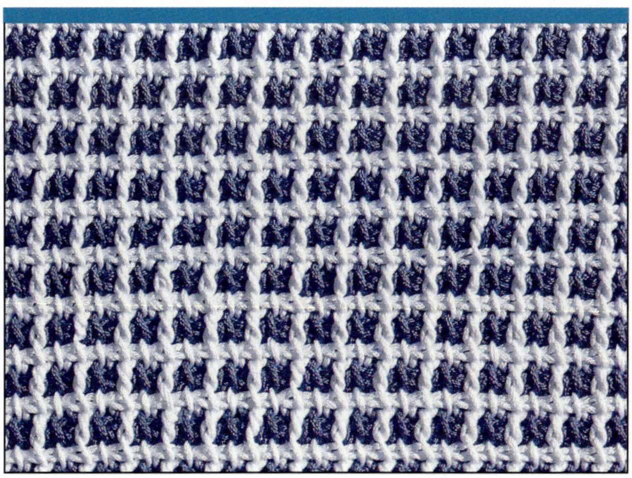

Luft-M-Kette weiß, dann abw. 2 R weiß und 2 R blau häkeln.
1. R: Anfangs-R wie bei Zeichnung A beschrieben häkeln.
2. R (Rück-R): wie bei Zeichnung B beschrieben häkeln.
3. R (Hin-R): aus jedem senkrechten M-Glied 1 Schlinge holen.
4. R: wie 2. R. häkeln.
5. R (Hin-R): um das folgende senkrechte M-Glied 1 Schlinge arbeiten, 1 U bilden, um das folgende senkrechte M-Glied der vorletzten R 1 Schlinge arbeiten, mit 1 U 2 Schlingen abmaschen.
6. R: wie 2. R häkeln.
Die 3. bis 6. R wiederholen.